年（平成27年）6月26日 金曜日　沖縄タイムス　1948年7月10日 第3種郵便物認可　第23844号

普天間居住 商売目当て

「もとは田んぼの中」土地接収顧みず

自民改憲派議員ら会合　百田氏が発言

作家の百田尚樹氏は25日、市街地に囲まれ世界一危険とされる米軍普天間飛行場の成り立ちを「もともと田んぼの中にあり、周りは何もなかった。基地の周りに行けば商売になると、みんな何十年もかかって基地の周りに住みだした」と述べ、基地の近隣住民がカネ目当てで移り住んできたとの認識を示した。安倍晋三首相に近い自民党の若手国会議員ら約40人が、党本部で開いた憲法改正を推進する勉強会「文化芸術懇話会」で発言した。

（31面に関連）

「文化芸術懇話会」の初会合で講[illegible]百田尚樹氏（右）＝25日午後、自民党本部

「沖縄2紙つぶさないと」

実際には現在の普天間飛行場内に戦前、役場や国民学校のほか、五つの[illegible]在していた。沖縄戦で住民[illegible]土地を強制的に接収さ[illegible]地の周辺に住まざるを得なくなった経緯がある。

勉強会は冒頭以外、非公開。関係者によると、百田氏は「基地の地主さんは年収何千万円なんですよ、みんな」と発言。「ですからその基地の地主さんが、六本木ヒルズとかに住んでいる。大金持ちなんですよ」などと持論を展開したという。

普天間飛行場の周辺住民約2千人が、米軍機の騒音で精神的苦痛を受けたと訴え、那覇地裁沖縄支部が約7億5400万円の支払いを命じた判決に触れ、「うるさいのは分かるが、そこを選んで住んだのは誰だと言いたい」と、自己責任との見解を示したという。

「基地の地主は大金持ち。基地が出て行くとお金がなくなるから困る。沖縄は本当に被害者なのか」とも述べたという。

議員から沖縄の地元紙が政府に批判的だとの意見が出たのに対し、百田氏は「沖縄の二つの新聞はつぶさないといけない。あってはいけないことだが、沖縄のどこかの島が中国に取られれば目を覚ますはずだ」と主張した。

出席議員からは、安保法案を批判する報道に関し「マスコミをこらしめるには広告料収入をなくせばいい。文化人が経団連に働きかけてほしい」との声が上がったほか、「沖縄は戦後、予算漬けだ。地元紙の牙城でゆがんだ世論をどう正すか」などの批判もあった。

勉強会は自民党の木原稔青年局長が代表で、首相側近の加藤勝信官房副長官や、萩生田光一・党総裁特別補佐も参加した。

沖縄タイムス OKINAWA TIM
2015年 6月26日 金曜
（平成27年）【旧5月11日・先
発行所 那覇市久茂地2丁目2番2号
（郵便番号900−8678）沖縄タイムス
私書箱 那覇中央郵便局293号©沖縄タイムス社 2015
代表電話 (098)860-3000
読者センター (098)860-3663
購読・配達の問い合わ 0120-21-96

紙面から

故島田氏の碑除幕へ

太平洋戦争末期の沖縄で最後の官選知事を務め、殉職した故島田叡氏の功績をたたえる顕彰碑除幕式が同氏の命日とされる26日午前11時から、那覇市の奥武山運動公園内で行われる。

ヤギ飼養13％増 8855頭

県内のヤギ飼養頭数が2014年12月時点で8855頭になり、前年から13％えた。ヤギ肉の需要が伸びる中、飼頭数を増やす農家や新たに飼う農家出てきたとの見方がある。

シュワブ内文化財調査へ 2
寄せ書き日の丸 伊江戻る 19

「沖縄タイムス」は6月25日の自民党勉強会での発言を、独自取材も併せて1面で大きく報道した。翌27日付紙面では百田尚樹氏の〝真意〟を直接尋ねる一方、沖縄の実態について数字を挙げ詳報した。

2015年（平成27年）6月27日 土曜日　1版　社会 26

百田尚樹氏発言の誤り

普天間飛行場、もとは田んぼ ▶ 戦前は9千人超生活

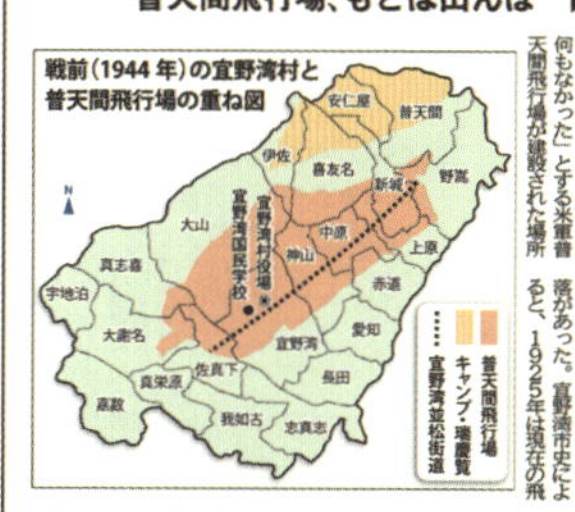

百田尚樹氏が「田んぼで、何もなかった」とする米軍普天間飛行場が建設された場所は沖縄戦の前、宜野湾村の集落があった。宜野湾市史によると、1925年は現在の飛行場に10の字があり、9077人が住んでいた。宜野湾や神山、新城は住居が集まった集落がほぼ飛行場内にあり、大山などは飛行場敷地に隣接する形で住宅があった。

最も大きかった宜野湾は村役場や宜野湾国民学校、南北には宜野湾並松と呼ばれた街道が走り、生活の中心地だった。

飛行場は、まだ沖縄戦が終結していない45年6月、住民が収容所に入っているうちに、米軍が土地を占領して建設を始めた。住民は10月以降に順次、帰村が許されたが、多くの地域は元の集落に戻れず、米軍に割り当てられた飛行場周辺の土地で、集落の再編を余儀なくされた。

市立博物館の担当者は百田氏の発言に「人々が戦争で追い出され、何もなくなるまでの過程が抜け落ちている」として認識不足を指摘した。

地主の年収 何千万円 ▶ 100万円未満が半数超

軍用地料の金額別の割合（2011年度）

区分	割合	人数
100万円未満	54.2%	23,339人
100万円以上～200万円未満	20.8%	8,969人
200万円以上～300万円未満	9.1%	3,928人
300万円以上～400万円未満	3.1%	1,342人
400万円以上～500万円未満	4.8%	2,069人
500万円以上	7.9%	3,378人

百田尚樹氏は「基地の地主はみんな年収何千万円」と発言した。しかし、地主の75％は200万円未満の軍用地料しか得ておらず、実態は百田氏の発言した内容と大きくかけ離れている。

沖縄防衛局が発表した2011年度の軍用地料の支払額別所有者数（米軍・自衛隊基地）によると、地主4万3025人のうち100万円未満の地主が全体の54・2％に当たる2万3339人で最も多い。

次いで100万円以上～200万円未満が8969人で20・8％を占め、200万円未満の割合が75％にのぼった。

500万円以上は3378人で7・9％だった。

軍用地料は国が市町村含む地主と賃貸借契約を結び、米軍と自衛隊に土地を提供する。地主に支払われる賃貸料は自衛隊基地を含み11年度は918億円だった。

沖縄の2紙「嫌い」

百田氏に一問一答

百田尚樹氏

百田尚樹氏（59）が、自民党の会合で発言した米軍普天間飛行場の成り立ちや沖縄の2紙に対する内容について26日、沖縄タイムスの電話取材に応じ、発言の真意と持論を説明した。（社会部・聞き手＝吉川毅）

―米軍普天間飛行場の成り立ちについての発言は。

「住民が騒音などの精神的に苦痛があり、補償しろと言う。苦しみは当事者にしか分からないこともあるだろう。それを踏まえた上で、違和感を覚えると発言した。なぜかと言えば、住んでいた場所に基地が引っ越してきたわけではない」

―普天間の現状認識は。

「地権者には、膨大な地代が払われている。六本木ヒルズに住んでいる大金持ちと同じ。それはメルマガで書いた話だ。普天間が返還されたら、あっという間にまちは閑散とする。ぬくぬく暮らしていた地権者も困るはずだ」

基地批判のため そばに小学校

「滑走路のそばに小学校があるが、いまだに移転していない。移転に反対の運動も起きているが、本末転倒。基地批判のために小学校を置いている。何がしたいのか分からない」

―「沖縄の島が中国に取られれば目を覚ますはずだ」の発言の真意は。

「絶対、あってはならないことで仮定の話をした。沖縄の人は中国を歓迎している。（辺野古の新基地建設反対なと」翁長雄志知事が言っていることも意味が分からない。沖縄の人の総意は何なのか。中国の危機意識がない人も見受けられる」

―沖縄戦について。

「沖縄は戦争で犠牲になったと言うが、東京も大空襲があり、犠牲を払っている。沖縄だけが犠牲になったわけではない。大阪も大空襲で多くの人が死んだ」

―「沖縄2紙をつぶさないと」の発言について。

「沖縄の新聞をしっかりと読んだことはないが、ネットで読むと、私と歴史認識が違う。全体の記事の印象から私が嫌いな新聞だ」

「オフレコに近い発言で、冗談として言った。公権力、圧力でつぶすとの趣旨ではない。私も言論人。言論は自由であるべきだ。私と意見が違う2紙を誰も読まなくなり、誰も読者がいなくなってつぶれてほしいという意味での発言だ」

版　2015年（平成27年）7月3日金曜日　沖縄タイムス　1948年7月10日 第3種郵便物認可　第23851号（日刊）

圧力発言を糾弾

タイムス・新報編集局長
民主主義の否定 批判

都内で共同会見

【東京】作家の百田尚樹氏を招いた自民党の勉強会で沖縄2紙を含む報道機関への圧力を求める発言が出た問題で、沖縄タイムスの武富和彦編集局長と琉球新報の潮平芳和編集局長が2日、都内の日本外国特派員協会と日本記者クラブで会見し、一連の発言は「表現と報道の自由を否定する無責任な暴論であり、断じて許せない」と批判した。

（2・3・28・29面に関連）

報道圧力

自民党議員や百田氏の発言を批判する沖縄タイムスの武富和彦編集局長（左）と琉球新報の潮平芳和編集局長＝2日、東京・内幸町の日本記者クラブ

武富氏は県内で発生する米軍による事件・事故に触れ「沖縄は戦後70年間、苦しみを背負わされてきた。県民をばかにした発言だ」と非難した。

昨年の知事選や各種世論調査で新基地建設反対の民意が示されているとし「世論がゆがんでいるとの発言は、自分たちの意に沿わないものは許さないという傲慢な考え。民主主義を否定する安倍晋三政権の姿勢が表れたのが、今回の自民議員の発言だ」と指摘した。

潮平氏は、報道では「国民に信頼される持続可能な日米関係を築くべきだ」と主張していると強調。「なぜこの主張が世論をゆがめることになるのか。『偏向』と言われるのは心外だ」と批判した。また、安倍首相が1日、公明党の山口那津男代表に陳謝したことを挙げ、「タイミングと場所を間違っている。なぜ国会で

県議会 謝罪求め決議
賛成多数 自民は反対

天間は土地を強奪して造られた。（商売のため周りに住み出したなど）事実無根の話の喧伝は、県民を侮辱している」など厳しく批判している。

採決に先立つ討論では、与党の仲村未央氏（社民・護憲）が「自民国会議員が政権に批判的なマスコミの

沖縄 OKINAWA TIMES タイムス
2015年7月3日金曜日（平成27年）【旧5月18日・仏滅】
発行所 那覇市久茂地2丁目2番2号（郵便番号900-8678）沖縄タイムス社
私書箱 那覇中央郵便局293号（C）沖縄タイムス社 2015年
代表電話（098）860-3000
読者センター（098）860-3663
購読・配達の問い合わせ 0120-21-9674

紙面から

高文祭・中文祭で激励 28

第39回全国高等学校総合文化祭滋賀大会と、第15回全国中学校総合文化祭東京大会に出場する中高生約200人の激励壮行会が2日、県庁で開かれた。

百田氏発言の翌日には沖縄県内２紙は両編集局長名で共同抗議声明を発表。その１週間後には都内で共同記者会見も開かれた。同日、沖縄県議会は抗議決議を可決した。

1　総　合　1版　2015年（平成27年）7月5日日曜日　沖縄タイムス　1948年7月10日 第3種郵便物認可　第23853号（日刊）

言論抑圧 戦争への道

民主主義「揺るがす」
抗議集会 基地誤認を批判

自民党若手国会議員と作家の百田尚樹氏による報道圧力や米軍普天間飛行場の成り立ちなどをめぐる事実誤認の発言を受け、県議会与党5会派などが主催する「言論の弾圧と沖縄歴史の歪曲を許さない！言論・表現・報道の自由を守る沖縄県民集会」が4日、那覇市の県市町村自治会館で開かれた。450人（主催者発表）が安倍晋三自民党総裁（首相）らに発言の撤回と県民への謝罪を求める決議文を採択した。

（2・3・26・27面に関連）

報道圧力

登壇した沖縄2紙の代表者に拍手でエールを送る参加者＝4日午後、那覇市の県市町村自治会館

琉球大学法科大学院の高良鉄美教授（憲法学）は表現、言論の自由の前提には国民の知る権利があるとした上で「そのためには報道[illegible]」と、報道への圧力が戦争へとつながる可能性に警鐘を鳴らした。

百田氏が「つぶさないといけない」と批判した沖縄タイムスの[illegible]と琉球新報の潮平芳和編集局長も登壇した。

石川氏は「県民の立場に立つメディアを[illegible]」[illegible]

言ではなく事実をペンを持って表現する」と地元紙としての使命を強調した。

潮平氏は「報道圧力問題をこの国の『民主主義の終わりの始まり』ではなく、民主主義のねじを巻き直す『未完の民主主義の再生・強化の出発点』としてほし

「報道圧力」発言 時代を読む ①

感情的歴史観 知の劣化

作家の百田尚樹氏と自民党国会議員が沖縄地元2紙などに向けて述べた発言が尾を引いている。これまでの歴史観をないがしろにし、意にそぐわない報道機関に圧力を加えようとする言動の裏側には何があり、そして私たちの社会はどこに向かっているのか。識者に聞いた。

ノンフィクション作家 保阪 正康氏

ほさか・まさやす　1939年、札幌市生まれ。同志社大学卒業後、出版社勤務などを経て作家活動に入る。「昭和史を語り継ぐ会」主宰。2004年に一連の昭和史研究で、菊池寛賞を受賞した。

沖縄の地元2紙について百田氏が「つぶしたほうがいい」と発言したのを聞いて驚いた。論外だ。戦時中、軍部や特高警察が報道機関を弾圧したが、「つぶせ」なんて言葉は見たことがない。発行禁止はあったけれど、「つぶせ」というのは暴力。平気で言うのは、昔の軍人や特高警察よりもたちが悪い。国会議員は法律をつくれるので、法的な枠組みに発展する危

「つぶせ」戦時以下

険性がある。そういけない。

戦後70年にわたりジャーナリズムとアカデミズムは、議論しながら歴史観を築いてきた。しかし、歴史観だと批判し、道義に反することで、謙虚にルー

しかし、安倍政権になってから急速に崩れている。「侵略に定義はない」と国際法は占領下で言っている。変化が起きている。

社会が安直な方向に向かっている。深く考えるより簡単なほうがい

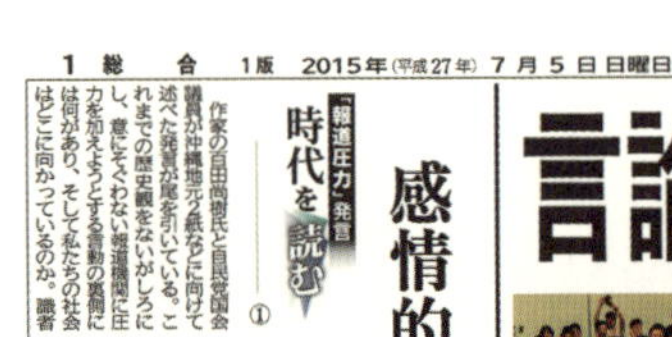

紙面から

社員食堂 おいしく健康 23

カロリーを抑え、食材にこだわるなど健康に配慮したメニューを提供する、県内中小企業の社員食堂の取り組みが好評だ。人気の食堂を取材した。

伊是名 虐殺見た浜描く 21

伊是名村出身の末吉春幸さん（83）＝浦添市在住＝は、

７月４日、県内で抗議集会が開催。紙面では「言論抑圧　戦争への道」との見出しで報じた。同日紙面では県外識者へのインタビュー連載「時代を読む」がスタート。

沖縄タイムス・ブックレット18

報道圧力

時代を読む／沖縄の声届ける

報道圧力●もくじ

Ⅰ ドキュメント「つぶす」発言～県民集会

6月25日 自民党勉強会で百田氏発言 8
6月26日 野党の追及／百田氏「卑劣」と反論／2紙が共同声明 11
6月27日 国会5議員が抗議声明／異例の早期処分 28
6月28日 百田氏「本気でつぶれたら…」 34
6月29日 宜野湾市議会が抗議決議 40
6月30日 国会内で抗議決議 54
7月1日 県議会、抗議で調整 55
7月2日 県議会、抗議決議可決／2紙編集局長が共同会見 59
7月3日 首相が謝罪 72
7月4日 言論・表現・報道の自由を守る県民集会 76
7月5日～ 関連記事ほか 86

Ⅱ　識者インタビュー・寄稿

政権への逆ギレ／ファシズム的言論／首相の憲法無視に追従／米属国の現実に目隠し　98
「百田氏発言」インタビュー　99
報道と権力　自民OBの視点　108
木村草太の憲法の新手　114
「温度差」の本質　116
「報道圧力」発言　時代を読む　122

Ⅰ　ドキュメント　「つぶす」発言〜県民集会（2015年6月25日〜7月4日）

6月25日　自民党勉強会で百田氏発言

普天間居住　商売目当て　百田氏が発言

作家の百田尚樹氏は25日、市街地に囲まれ世界一危険とされる米軍普天間飛行場の成り立ちを「もともと田んぼの中にあり、周りは何もなかった。基地の周りに行けば商売になると、みんな何十年もかかって基地の周りに住みだした」と述べ、基地の近隣住民がカネ目当てで移り住んできたとの認識を示した。安倍晋三首相に近い自民党の若手国会議員ら約40人が、党本部で開いた憲法改正を推進する勉強会「文化芸術懇話会」で発言した。

実際には現在の普天間飛行場内に戦前、役場や小学校のほか、五つの集落が存在していた。沖縄戦で住民は土地を強制的に接収され、人口増加に伴い、基地の周辺に住まざるを得なくなった経緯がある。

勉強会は冒頭以外、非公開。関係者によると、百田氏は「基地の地主さんは年収何千万円なんですよ、みんな」と発言。「ですからその基地の地主さんが、六本木ヒルズとかに住んでいる。大金持ちなんですよ」などと持論を展開したという。

普天間飛行場の周辺住民約2千人が、米軍機の騒音で精神的苦痛を受けたと訴え、那覇地裁沖縄支部が約7億5400万円の支払いを命じた判決に触れ、「うるさいのは分かるが、そこを選んで住んだのは誰だと言いたい」と、自己責任だとの見解を示したという。

「基地の地主は大金持ち。基地が出て行くとお金がなくなるから困る。沖縄は本当に被害者なのか」とも述べたという。

議員から沖縄の地元紙が政府に批判的だとの意見が出たのに対し、百田氏は「沖縄の二つの新聞はつぶさないといけない。あってはいけないことだが、沖縄のどこかの島が中国に取られれば目を覚ますはずだ」と主張した。

出席議員からは、安保法案を批判する報道に関し「マスコミをこらしめるには広告料収入をなくせばいい。文化人が経団連に働きかけてほしい」との声が上がったほか、「沖縄は戦後、予算漬けだ。地元紙の牙城でゆがんだ世論をどう正すか」などの批判もあった。

勉強会は自民党の木原稔青年局長が代表で、首相側近の加藤勝信官房副長官や、萩生田光一・党総裁特別補佐も参加した。

（6月26日付1面）

百田氏発言　宜野湾市民怒り

作家の百田尚樹氏の「普天間飛行場は田んぼの中にあった」などといった発言に、生活の場を基地に奪われた宜野湾市民からは怒りの声が上がり、有識者も歴史的な事実を踏まえないままの発言だと批判した。

居住地を接収された元住民らでつくる字宜野湾郷友会の宮城政一会長は「まだこんなことを言う人がいるのか。耳を疑う」と絶句した。インターネットでこうしたうわさがまことしやかに語られるのは知っており、誤解解消のため地域では3年前から接収前の集落をジオラマやDVD動画で再現する準備を進めてきた。そんな中での発言に「著名な作家が公の場で発言するとは信じられない。せめて取材してからにしてほしい」と注文をつけた。

宜野湾区自治会の仲村清会長は「先祖の住宅は実際にある。生活していた事実に対する認識がなさすぎる」と発言を批判。「住居の跡もまだ残っている。早く返還してもらい元の土地に住みたい住民の思いをどう感じているのか」と、ぶぜんとした様子で話した。

沖縄の米軍基地問題に詳しい沖縄国際大学の佐藤学教授（政治学）は「歴史を踏まえず、基地を返してほしいという沖縄の訴えを『どうせカネ目当てだ』とふたをするための論調。残念だが研究者ですら信じている人がいる。うそを千回繰り返せば本当になるとでも思っているのか」と批判した。

メディア論が専門の山田健太・専修大教授は、地元２紙の報道を批判した発言に「地方紙は地元住民の生命や健康に重大な影響を与えるニュースを大きく扱う。基地問題を報じるのは問題が解消されていない表れ。住民の思いを代弁しているのであり、（百田氏の）意に沿わない表現媒体をつぶすべきという発想は理解できない」と問題視した。

一方、佐喜真淳宜野湾市長は25日夜、沖縄タイムスの取材に対し、発言の詳細を把握していない、としてコメントを控えた。

（6月26日付31面）

■関連・配信記事（6月26日付）

野党「政権の危なさ痛感」

野党各党は一斉に反発。長妻昭・民主党代表代行「その場で異論が出なかったとすれば、首をかしげざるをえない」。馬場伸幸・維新の党国対委員長「戦前の雰囲気に戻ったようだ」。穀田恵二・共産党国対委員長「『戦争法案』を通すためなら、民主主義の根幹であるメディアをつぶしてかまわないという立場だと明らかになった」

言論を否定する暴論　沖縄タイムス社の崎浜秀光編集局次長の話（31面）

全マスコミへの挑発　琉球新報社の潮平芳和編集局長の話（31面）

6月26日　野党の追及／百田氏「卑劣」と反論／2紙が共同声明

野党追及も安倍首相の謝罪なし

作家の百田尚樹氏が安倍晋三首相に近い自民党若手国会議員の会合で「沖縄の2紙はつぶさないといけない」などと述べた問題で、衆院平和安全法制特別委員会の浜田靖一委員長（自民）は26日の同委員会で「発言はあった」と述べ、百田氏や議員の一連の発言を認めた。安倍首相は同委員会で「発言した方に成り代わって勝手におわびすることはできない」と述べ、謝罪はなかった。一方、発言は同日の安全保障法案を審議する衆院特別委員会に波及、野党は「自民党のおごりの結果だ」（岡田克也民主党代表）と抗議を拡大させている。

（6月27日付1面）

［ニュース断面］進まぬ審議に焦り

安倍晋三首相と親しい作家の百田尚樹氏を招いた25日の自民党若手勉強会で、安倍政権の底流にある「超タカ派思想」（党関係者）が明るみに出た。政権に批判的な沖縄メディア対策に助言を求める若手に、百田氏は露骨な圧力の必要性を提示し、批判を強めた。一方、安倍政権が今国会で成立を目指す安全保障関連法案の審議はまっただ中で、野党側へ想定外の攻撃材料を与えてしまった政府・自民党は一日中、火消しに追われ、議員の厳重注意にも踏み込まざるを得なくなった。

「マスコミに圧力をかけるような発言があったとす

れば、本当に申し訳ない」

26日午前、衆院平和安全法制特別委員会の理事会で与党筆頭理事の江渡聡徳前防衛相（自民）は野党議員へひたすら頭を下げた。

百田氏らの勉強会で露骨なメディア批判が出た背景には、首相が米国で約束した「夏まで」の法案成立を目指し、戦後最長幅となる9月27日まで国会を延期したものの、審議が一向に進まない与党側のいらだちがある。

だが、この日の委員会では「沖縄への侮辱だ」と強く反発する野党側が発言の事実関係や首相の謝罪を求めて追及。ただでさえ審議が遅れている中、法案以外の質問が相次いだことに首相はいらだち、「私は総理大臣だ。総理なので（発言内容は）確認はしていない」と声を荒らげる場面もあった。

百田氏や会合に出席した若手議員の「差別的」で過激な発言には、自民党内からも苦言が相次いだ。

「こんな大事な時期に百田氏を呼ぶこと自体が間違っている」。安保特委の岩屋毅理事は理事会で怒りをぶちまけた。

だが、党内には国会審議への影響とは別に、異論を認めない政権の体質を懸念する声もある。

若手議員の一人は「批判的なことを言ってはいけない空気が党内で醸成されつつある」と吐露する。

勉強会があった25日、党本部ではハト派の系譜を引く宏池会が中心となり、安倍首相を批判する漫画家の小林よしのり氏を招いた若手会合が予定されていた。

だが、23日になり突然延期が発表された。複数の議員によると党幹部が審議に影響があるとして難色を示したという。

若手の一人は「安倍政権への異常な忖度（そんたく）が横行している。多様な意見を容認してきた保守政党の姿は見る影もない」と嘆く。

特別委員会の浜田靖一委員長は、勉強会の内容を聞き、周囲にこう漏らした。

「最近の自民は情けない。いつの間にか私が党内のリベラル派になってしまった。これが今の自民の実態だ」

（6月27日付2面）

自民党若手国会議員会合　百田尚樹氏ら発言要旨

▷作家の百田尚樹氏　（政府は安全保障関連法案に関して）国民に対するアピールが下手だ。気持ちにいかに訴えるかが大事だ。
▷出席議員Ａ　マスコミをこらしめるには広告料収入がなくなることが一番だ。われわれ政治家には言えない。ましてや安倍晋三首相は言えないが、文化人、民間人が経団連に働き掛けてほしい。
▷井上貴博衆院議員　青年会議所の理事長のときにマスコミをたたいてみた。日本全体でやらないといけないことだが、広告料収入、テレビの提供スポンサーにならないことが一番こたえるということが分かった。経団連も商工会も「子どもたちに悪影響を与えている番組ワースト10」とかを発表して、それに（広告を）出している企業を列挙すればいい。
▷出席議員Ｂ　沖縄にお金を配っていればいい、地政学的にわが国を守るという概念が戦後70年欠落していて、予算漬けだ。（沖縄）タイムス、（琉球）新報の牙城の中で、沖縄の世論のゆがみ方を正しい方向に持っていくには、先生（百田氏）であればどのようなアクションを起こすか。
▷出席議員Ｃ　関連だが、沖縄の特殊なメディア構造を作ってしまったのは戦後保守の堕落だった。左翼勢力に完全に乗っ取られている。
▷百田氏　沖縄の二つの新聞はつぶさないといけない。あってはいけないことだが、沖縄のどこかの島が中国に取られれば目を覚ますはずだ。普天間飛行場は田んぼの中にあった。周りは何もない。基地の周りに行けば商売になるということで（人が）住みだした。
　騒音がうるさいのは分かるが、選んで住んだのは誰なのかと言いたくなる。基地の地主は年収何千万円だ。六本木ヒルズとかに住んでいる。大金持ち。ですから基地が移転したら、えらいことになる。毎年入っていたお金がなくなるから。こういう状況をアピールしていくことが大事だ。沖縄は本当に被害者なのか、と。

　沖縄に住む米兵がレイプ事件を犯したことが何例もあるが、沖縄県（民）自身が起こした方が、はるかに率が高い。米兵が女の子を犯した、じゃあそれで米兵は出て行けというのか。日本で高校生が街の女の子を犯したら、その高校は全部撤去するのか。そういう左翼の扇動に対して立ち向かう言葉とデータをもって対抗しないといけない。

■関連・配信記事（6月27日付）

出席議員、一定評価も（1面）

加藤勝信官房副長官は衆院平和安全法制特別委員会で「ミリオンセラーを多く出している方の話を伺いたかった。ご意見は拝聴に値すると思った」と述べた。

井上貴博衆院議員（福岡1区）は「私の発言が誤解を招いたとすれば申し訳なく思っている」と陳謝するコメントを出した。

菅氏「発言は非常識」（2面）

菅義偉官房長官「（沖縄の地元2紙の意見は必要かとの問いに）メディアがあり、報道するのは許された自由だ」「（マスコミをこらしめるには広告料収入をなくせばいい、などの発言に対し）事実であれば、どう考えても非常識だ。政治家は自らの発言には気を付けるべきだ」

閣僚からも注文相次ぐ（2面）

翁長知事は発言控える（2面）

翁長雄志知事は兵庫県知事が出席した島田叡氏の顕彰碑除幕式などを踏まえコメントを控えた。「重要なので明日以降にまたお願いします」と述べ、重要視する考えを示した。

［識者評論］政権政党の堕落　露呈　照屋寛之沖国大教授（2面）

自民勉強会出席議員の一覧（3面）

強まる報道への圧力（6面）

イメージ戦略を重視する政府、自民党は「公正中立」を名目に、政治報道に注文を付ける場面が目立つ。

与野党から批判相次ぐ（6面）

儀間光男参院議員「百田氏は元NHK経営委員で、言論人のはずだ。報道機関を罵倒するのは自殺行為だ」

売られたけんか　買うべきだ　映画監督の森達也さんの話（6面）

マスコミの気概を示せ　作家の室井佑月さんの話（6面）

［識者評論］露骨な本音　論理を軽視（曽我部真裕・京大大学院教授）（6面）

ツイッターで百田氏「卑劣」

作家の百田尚樹氏は自民党若手の勉強会で自身が語った「沖縄の2紙はつぶさないといけない」との発言について、25日、自身のツイッターで「ギャグで言った言葉を切り取られた。しかも部屋の外から盗み聞き！　卑劣！」と書き込んだ。

勉強会に関する批判的な報道が相次いで出た26日には、「沖縄の二つの新聞社はつぶれたらいいのに、という発言は（中略）冗談として言ったものだ」とつぶやき、本心ではないと釈明した。

勉強会で「沖縄は左翼勢力に完全に乗っ取られている」と発言していた長尾敬衆院議員は26日、ツイッターで「沖縄の二大メディアの報道は事実と異なること、偏向的な記事が極端に多い」と批判し、両紙の報道姿勢に疑問を投げかけた。

本紙は長尾氏の事務所を通してコメントを求めたが得られなかった。

（6月27日付26面）

首相と近い百田氏　過去にも問題発言

百田尚樹氏は、２０１２年9月の自民党総裁選で安倍晋三首相を支援するなど首相と気脈を通じた間柄だ。13年12月に首相との共著「日本よ、世界の真ん中で咲き誇れ」を出版した。

13年11月から今年2月末まで、ＮＨＫ経営委員を務めた。安倍首相と親しい関係にあることから公共放送の中立性を損なうといった指摘や、任期中に政治的な問題発言を繰り返したことで委員としての資質を問う声が上がっていた。

１９５６年、大阪市生まれ。放送作家として人気番組「探偵！ナイトスクープ」などを手掛けた。２００６年に「永遠の０」で小説家デビュー。「海賊とよばれた男」は13年の本屋大賞に選ばれた。

百田尚樹氏はＮＨＫ経営委員に就任後、「問題」と指摘を受ける発言が相次いだ。２０１４年2月に東京都知事選の応援演説で「南京大虐殺はなかった」、同6月に静岡市の講演会で「日教組は日本のがん」などと発言。同9月には短文投稿サイト「ツイッター」で、死去した土井たか子元社民党党首について「売国奴」などと投稿した。

都知事選では元航空幕僚長の田母神俊雄氏の街頭演説で、米軍による東京大空襲や原爆投下を「大虐殺」とした上で「東京裁判はそれをごまかすための裁判だった」と主張。南京大虐殺に「1938年に蒋介石がやたらと宣伝したが世界の国は無視した。なぜか。そんなことはなかったからだ」と語った。

在日米大使館の報道担当官が「非常識だ」、中国外務省が「侵略戦争下で起きた残忍な犯罪」と非難。米誌タイム（電子版）は「ナショナリストの作家で安倍氏の親友」と報道した。

静岡市であった講演会後の質疑応答では、参加者から日本の教育に対する考えを問われ「日教組は何十年間も、純粋無垢な子どもたちに贖罪意識を教え込んでいる。自虐思想があるので南京大虐殺、従軍慰安婦問題にノーと言えない。正しい知識を身に付けたら、歴史捏造というのはすぐ分かる」などと述べた。

14年5月の自民党岐阜県連の定期大会では「軍隊を家に例えると防犯用の鍵」とした上で、軍隊を持たない南太平洋の島国バヌアツやナウルを名指しで「家に例えると、くそ貧乏長屋で泥棒も入らない」とさげすむような発言をした。

（6月27日付3面）

■関連・配信記事（6月27日付

沖縄の2紙「嫌い」百田氏に一問一答（26面）

百田尚樹氏が自身の発言について沖縄タイムスの電話取材に応じ、発言の真意と持論を説明した。主要な発言は以下の通り。

「（米軍普天間飛行場の成り立ちについて）違和感を覚えると発言した。なぜかと言えば、住んでいた場所に基地が引っ越してきたわけではない」

「（普天間の現状認識は）普天間が返還されたら、あっという間にまちは閑散とする。ぬくぬく暮らしていた地権者も困るはずだ」「基地批判のために小学校を置いている」

「（沖縄の2紙について）沖縄の新聞をしっかりと読んだことはないが、ネットで読むと、私と歴史認識が違う。全体の記事の印象から私が嫌いな新聞だ」

「オフレコに近い発言で、冗談として言った。公権力、圧力でつぶすとの趣旨ではない。私と意見が違う2紙を誰も読まなくなり、つぶれてほしいという意味での発言だ」

県内政党、抗議検討　政界反応

自公さえ困惑と憤り

百田尚樹氏による一連の発言は26日、県内政党にも波紋を広げた。百田氏が発言した会合は自民党本部が開催したが、自民県連の幹部は「党にとって明らかにマイナスだ」と困惑。国政で連立与党を組む公明党の県本幹部も「傲慢（ごうまん）で無礼な発言」と強い不快感を示した。一方、県議会与党は、百田氏への抗議決議など対抗措置への検討に入った。

自民党県連の具志孝助幹事長は「確かに県内2紙の報道は、辺野古移設反対に偏りすぎているとは思う」と指摘。その上で「しかし、安保法制の審議が大詰めを迎える中、『つぶしてしまえ』と過激過ぎる表現をするのは明らかにマイナスだ」と苦言を呈した。翁長政俊副会長も「発言はもう少し慎重にしてほしい」と困惑した。

国政与党の一翼を担う公明党内からも、激しい反発が起きた。

公明県本の金城勉幹事長は「言論人が言論機関をつぶす、というのは天に唾する行為だ。このような人物が作家とは信じられない」と強く批判した。

金城氏は「住民は銃剣とブルドーザーで強制的に追い出され、やむを得ずフェンスの外にへばりつくように住んできた。そうした歴史に目をつぶり、意図的に歪曲（わいきょく）した話を垂れ流している。傲慢（ごうまん）で無礼な人物であり、許せない」と憤った。

県議会与党連絡会座長の仲宗根悟県議（社民・護憲）も「戦争前の報道規制のようで、時代錯誤も甚だしい。現代社会では、どこの国を探してもこんな発言をする人はいないだろう」と百田氏の認識を厳しく問題視した。


（6月27日付3面）

地主の年収 何千万円→100 万円未満が半数超

百田尚樹氏は「基地の地主はみんな年収何千万円」と発言した。しかし、地主の 75％は 200 万円未満の軍用地料しか得ておらず、実態は百田氏の発言した内容と大きくかけ離れている。

沖縄防衛局が発表した 2011 年度の軍用地料の支払額別所有者数（米軍・自衛隊基地）によると、地主４万 3025 人のうち 100 万円未満の地主が全体の 54. ２％に当たる２万 3339 人で最も多い。

次いで 100 万円以上～ 200 万円未満が 8969 人で 20. ８％を占め、200 万円未満の割合が 75％にのぼった。

500 万円以上は 3378 人で 7.9％だった。

軍用地料は国が市町村含む地主と賃貸借契約を結び、米軍と自衛隊に土地を提供する。地主に支払われる賃貸料は自衛隊基地を含み 11 年度は 918 億円だった。

（6月 27 日付２面）

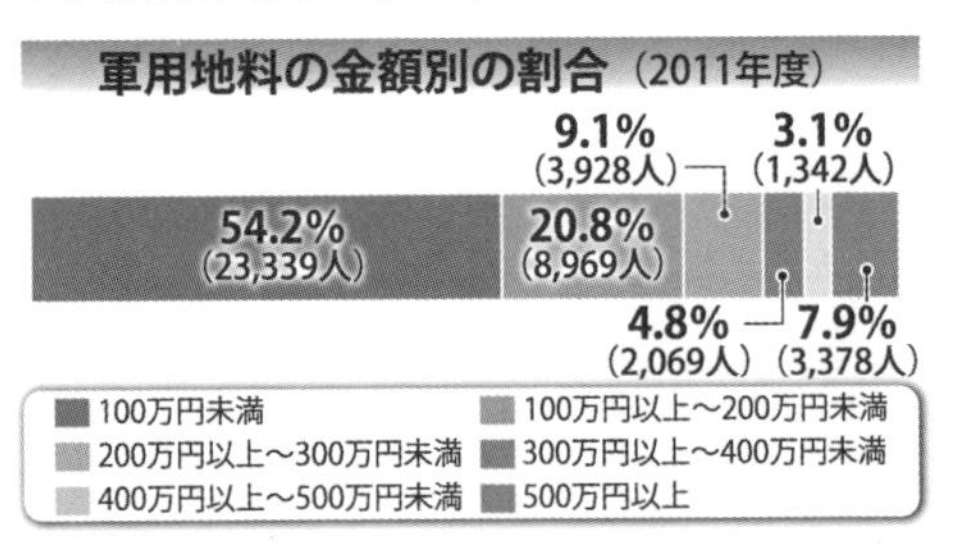

普天間の松並木。米軍のトラックなどとともに、左奥に瓦屋根の建物が見える＝1945 年４月 24 日

百田尚樹氏発言の誤り

普天間飛行場、もとは田んぼ→戦前は９千人超生活

百田尚樹氏が「田んぼで、何もなかった」とする米軍普天間飛行場が建設された場所は沖縄戦の前、宜野湾村の集落があった。宜野湾市史によると、1925 年は現在の飛行場に 10 の字があり、9077 人が住んでいた。宜野湾や神山、新城は住居が集まった集落がほぼ飛行場内にあり、大山などは飛行場敷地に隣接する形で住宅があった。

最も大きかった宜野湾は村役場や宜野湾国民学校、南北には宜野湾並松と呼ばれた街道が走り、生活の中心地だった。

飛行場は、まだ沖縄戦が終結していない 45 年６月、住民が収容所に入っているうちに、米軍が土地を占領して建設を始めた。住民は 10 月以降に順次、帰村が許されたが、多くの地域は元の集落に戻れず、米軍に割り当てられた飛行場周辺の土地で、集落の再編を余儀なくされた。

市立博物館の担当者は百田氏の発言に「人々が戦争で追い出され、何もなくなるまでの過程が抜け落ちている」として認識不足を指摘した。

（6月 27 日付２面）

作家・百田尚樹氏が「基地の周りに行けば商売になると、みんな何十年もかかって基地の周りに住みだした」と持論を展開した米軍普天間飛行場とその周辺市街地＝ 2012 年６月

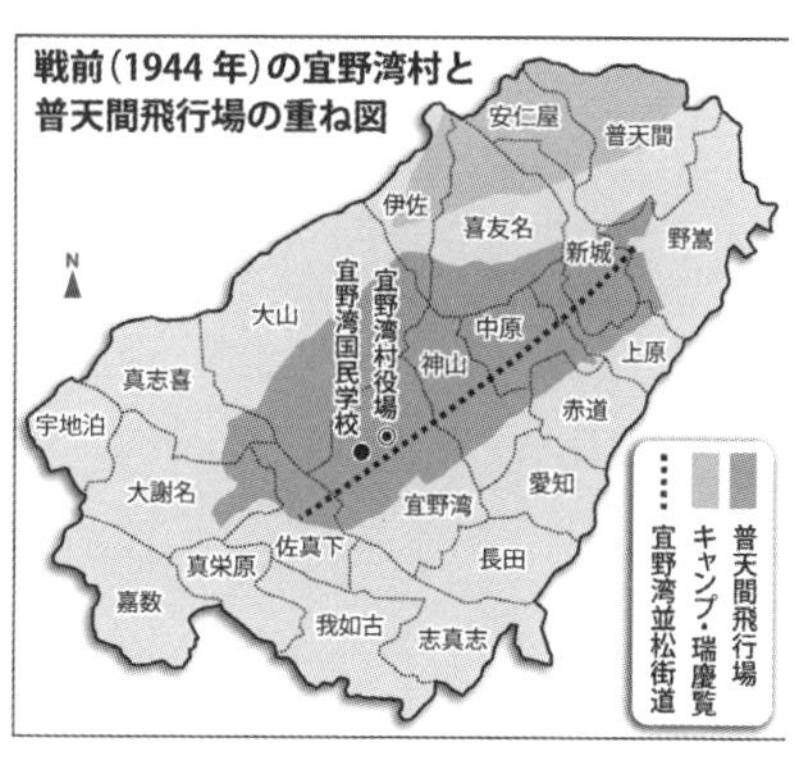

「沖縄の歴史認識ゼロ」　県関係国会議員

作家の百田尚樹氏の発言について、県関係の国会議員からも批判と事実誤認を指摘する声が上がった。

赤嶺政賢衆院議員（共産）は「安倍晋三首相の取り巻きの自民党国会議員と右派文化人の妄言だ。歴史をねじ曲げ権力を背景にした言論弾圧は絶対に許せない」と首相に謝罪を求める考え。照屋寛徳衆院議員（社民）は「著しい事実誤認と思い込みによる暴言・妄言で報道の自由への干渉だ」と批判、「沖縄の基地問題のイロハすら知ろうとしない百田氏の知識は『永遠の0』だ」と皮肉った。

玉城デニー衆院議員（生活）も沖縄の実情を理解していない言動に怒り、地元紙批判にも「報道を弾圧するような発言はまさしく安倍政権の県民に対する強権姿勢そのものだ」と批判。仲里利信衆院議員（無所属）は「発言の根底に県民への差別や報道・表現の自由への弾圧の意図がある」厳しく糾弾する考えだ。

下地幹郎衆院議員（維新）は「今国会で安保法案の議論が深まらない要因が、今回の発言に反論しない自民党の姿によく現れている」と指摘。儀間光男参院議員（維新）は「報道の通りなら地方紙の否定であり、言論の風圧で独善的だ」と基地問題や歴史認識のなさに憤った。

糸数慶子参院議員（無所属）も「沖縄の2紙と県民を愚弄する暴言で看過できない」と憤り、首相に2紙と県民に謝罪するよう求めた。

一方、与党自民党の宮崎政久衆院議員は「百田発言は大いなる事実誤認で、宜野湾市民や県民を侮辱し、尊厳を傷つける。言語道断」と批判した。

国場幸之助衆院議員（自民）は沖縄理解を深める独自の勉強会を今後も続けるとコメント。比嘉奈津美衆院議員（自民）は「コメントできない」としつつ「歴史的認識など正確な発言をしていただきたい」と注文。西銘恒三郎衆院議員（自民）、島尻安伊子参院議員（自民）は会合不参加を理由に「コメントできない」とした。

（6月27日付3面）

「市民ばかにしている」宜野湾市長

作家の百田尚樹氏が「普天間基地は田んぼの中にあった」など発言したことについて、宜野湾市の佐喜真淳市長は26日、発言内容を確認していないとした上で「市民をばかにした感じであり、あってはならない」と批判した。市役所内で記者団に答えた。

佐喜真氏は、戦後、普天間飛行場として接収された土地の地権者が先祖代々の土地に住みたいと思うのは自然とした上で「市民がお金目当て（で周囲に住み始めたかのような）発言は極めて遺憾」とした。「（百田氏は）しっかり勉強してほしい」とも述べた。

百田氏を招いた会合で出席した自民党議員が安全保障法制を批判するマスコミに圧力をかけるような発言があったことについて「報道の自由、表現の自由があるのを政治家ならしっかりと認識する必要がある」と指摘。「（一連の発言を）自民党の中で調査してもらいたい」と注文した。

（6月27日付3面）

■配信・関連記事（6月27日付）

野党国会議員抗議へ　撤回求め　きょう声明（3面）

勉強会代表者へ宮崎氏が抗議文（3面）

宮崎政久衆院議員（自民）が百田氏の発言に関し「歴史的事実を無視し、県民を愚弄（ぐろう）するもので到底看過できない」として勉強会代表の木原稔衆院議員に抗議文を手渡した。木原氏は「迷惑をかけて申し訳ない」と発言。

県内から批判次々　地元・識者反応

異論許さぬ政権反映

異論を許さない風潮が日本社会にある―。作家の百田尚樹氏が25日、自民党本部の会合で「沖縄の2紙はつぶさないといけない」などと述べた問題の波紋が広がっている。発言の背景に時代の「空気」があるのか。要因として、民意を一顧だにせず辺野古新基地建設を進め、批判が強い安全保障関連法案の成立を目指す安倍政権の存在を指摘する声が上がる。

「異なった意見を単に受け止めないだけではなく、

積極的に排除している。（百田氏の発言は）その潮流を代表している」。憲法学者の小林武沖縄大学客員教授（74）は警鐘を鳴らす。「安倍晋三首相は自説への執着が強く、一歩も譲らない。少数派排除の雰囲気が全体に広がっている」。

政権の姿勢として「国民の意識を酌まず、権力行使を抑制する姿が見られない」とし、百田氏の発言は「知識不足というより、わざとゆがめて世論に投げ掛けているのではないか」との見方を示す。

保守政治家として5期20年務めた宮城篤実前嘉手納町長（79）は「時代の風潮をつくる背景には、トップリーダーの思いを先取りして行動する人がいる」と指摘し、「こんな形で先々、この国はうまく収まっていくのか。力のある者が全て握り、戦前に逆戻りするのではないか」と危惧する。県民の向き合い方として「感情を抑えて道理を尽くす姿勢が必要」と説いた。

百田氏は26日、発言は「冗談だった」と釈明した。むぬかちゃー（ライター）の知念ウシさん（49）は「冗談ほど本気なものはない」としつつ、「沖縄の新聞をつぶそうといっているが、読者である県民をつぶそうということ」と批判。

その上で「要因が『時代の空気』というと、抵抗できない所与のものとされてしまう。『空気』ではなく人間が行っている『政治』だと受け止めて働き掛けることが大事だ」とした。

（6月27日付27面）

基地被害軽視　憤る地元

「あきれた」「話にならない」―。普天間飛行場の成

大弦小弦

「売国奴」「日本から出て行け」。２０１３年1月27日、オスプレイ配備撤回を求める東京行動の銀座デモに一部の団体が罵声を浴びせた。その記憶がよみがえったきっかけは、作家の百田尚樹氏が自民党の若手国会議員の会合で放った発言だ▼「商売目的で普天間飛行場の周囲に住み始めた」「沖縄の二つの新聞をつぶさないといけない」などの発言は憎悪をむき出しにした

り立ちや騒音問題、米兵犯罪など、基地をめぐる諸問題に暴論を展開した作家・百田尚樹氏に、地元の関係者は反発を強めている。

「普天間飛行場は高台で、もともと田んぼはない。正確に発言してほしい」。宜野湾市軍用地等地主会の又吉信一会長は、百田氏の発言を受けて、こう話す。「子や孫のための返還へ跡地利用の勉強会をずっとやっている。発言は地主会としても私個人にも迷惑だ」

普天間騒音訴訟の屋嘉比康太郎原告団長は「全く歴史を理解していない」と断じる。訴訟の判決でも、住民は「職業上、教育上、生活上の理由」でやむなく周辺に住んでいると認めている。戦前、飛行場内に集落があり、接収された後も近くに住んだ経緯に触れ「騒音に耐えて生活している。移設されれば裁判を起こさない。賠償金もいらない」と強調した。

米兵の女性暴行事件に関する発言に、強姦(ごうかん)救援センター沖縄代表の高里鈴代さんは「女性差別が根本にある。犯罪を比較して矮小(わいしょう)化することがおかしい」と語気を荒らげる。発言の延長線上に、日米安保のため

ヘイトスピーチと変わらない。同じ思いが自民議員にあることもあらわになった▼詩人山之口貘が1935年に発表した詩「会話」には「あれは日本人ではない」とあり、「世間の偏見達が眺めるあの僕の国か」とつづられる▼80年をたってもなお一部には沖縄に対する偏見が残っている。基地問題の成り立ちや現状に対する無知、誤った認識によってゆがめられ、攻撃的になっている▼議員は安倍政権に近いとされる。「マスコミをこらしめるには広告収入をなくせばいい」とぶち上げた議員もいた。政権に批判的な報道への強気な態度で首相への忠誠心をアピールしたのだろう▼憲政の神様とされる尾崎行雄氏は47年に出版した『民主政治読本』(世論時報社)で、立法府が政府の補助機関になった戦前の反省を挙げ、主人の命令にただ従う奴隷根性の一掃を説いた。70年近い前の警告が現実となりつつある。

(与那原良彦)

〈2015・6・27〉

には、米軍の事件・事故は小さい問題だという主張を感じると言う。「発言を聞いた政治家がたしなめないことにも暗然とする」

（6月27日付27面）

きちんと議論を　学生や識者ら

米軍普天間飛行場の成り立ちについて「基地の周りに行けば商売になると、みんな住みだした」という百田尚樹氏の誤認発言。基地問題に関心のある学生はどう受け止めたのか。

修学旅行生向けの平和学習プログラムを開発している「がちゅん」の国仲瞬さん（琉球大学教育学部3年）は「米軍基地の地権者の存在を知らない沖縄の学生もいる」と説明。百田発言について「逆にこの機会をスタートに、若い人たちが議論を深めたい。悲観するのではなく、もっと沖縄のことを知るきっかけになれば」と話した。

国際基督教大4年の元山仁士郎さん（23）＝宜野湾市出身＝は「発言はまったく理解できない」と強調。本土の同世代から感じる沖縄の現状認識には「普天間飛行場の成り立ちについてはきちんと議論をしたことはない。なぜ、こういう発言が出てくるのか。現実を自分の目で見て考えることが大事だと思う」と話した。

沖縄の米軍基地問題に詳しい沖縄国際大学の佐藤学教授（政治学）は「インターネットには、基地の成り立ちについてウソの情報が氾濫しており、それをうのみにしてはいけない。沖縄戦後史を学ぶ環境づくりが必要だ」と指摘した。

（6月27日付26面）

■関連・配信記事（6月27日付）

メディアへの弾圧　新聞労連が抗議文（26面）

県マスコミ労協　謝罪撤回求める（26面）

「百田氏は恥知らず」　芥川賞作家　大城氏が批判（26面）

「民主主義から逸脱」　郵政西室社長、批判（8面）

経団連は困惑（8面）

　経団連関係者「まじめに受け取るような話ではない」

識者、百田氏発言に危機感（26面）→96頁

県内2紙が共同声明

自民党の若手国会議員の勉強会で、沖縄タイムスと琉球新報を「つぶさないといけない」と述べ、米軍普天間飛行場の成り立ちについて誤解に基づいた発言を

百田氏発言をめぐる共同抗議声明

沖縄タイムス編集局長　武富和彦
琉球新報編集局長　潮平芳和

百田尚樹氏の「沖縄の二つの新聞はつぶさないといけない」という発言は、政権の意に沿わない報道は許さないという〝言論弾圧〟の発想そのものであり、民主主義の根幹である表現の自由、報道の自由を否定する暴論にほかならない。

百田氏の発言は自由だが、政権与党である自民党の国会議員が党本部で開いた会合の席上であり、むしろ出席した議員側が沖縄の地元紙への批判を展開し、百田氏の発言を引き出している。その経緯も含め、看過できるものではない。

さらに「(米軍普天間飛行場は)もともと田んぼの中にあった。基地の周りに行けば商売になるということで人が住みだした」とも述べた。戦前の宜野湾村役場は現在の滑走路近くにあり、琉球王国以来、地域の中心地だった。沖縄の基地問題をめぐる最たる誤解が自民党内で振りまかれたことは重大だ。その訂正も求めたい。

戦後、沖縄の新聞は戦争に加担した新聞人の反省から出発した。戦争につながるような報道は二度としないという考えが、報道姿勢のベースにある。

政府に批判的な報道は、権力監視の役割を担うメディアにとって当然であり、批判的な報道ができる社会こそが健全だと考える。にもかかわらず、批判的だからつぶすべきだ―という短絡的な発想は極めて危険であり、沖縄の二つの新聞に限らず、いずれ全国のマスコミに向けられる恐れのある危険極まりないものだと思う。沖縄タイムス・琉球新報は、今後も言論の自由、表現の自由を弾圧するかのような動きには断固として反対する。

した百田尚樹氏に対し、両社は26日、共同抗議声明を発表した。

声明は「政権の意に沿わない報道は許さないという〝言論弾圧〟の発想そのもの」と批判。「もともと田んぼの中にあった」とした普天間飛行場の成り立ちについても、自民党内に誤解を招いたことを指摘し「訂正も求めたい」としている。

（6月27日付26面）

［社説］自民勉強会 暴言
権力による言論統制だ

政党であれ個人であれ批判の自由は保障されなければならないが、これはまっとうな批判とはとてもいえない。政権与党という強大な権力をかさにきた報道機関に対する恫喝（どうかつ）であり、民主的正当性を持つ沖縄の民意への攻撃である。自分の気に入らない言論を強権で押しつぶそうとする姿勢は極めて危険だ。

安倍晋三首相に近い自民党の若手議員約40人が25日、憲法改正を推進する勉強会「文化芸術懇話会」の初会合を党本部で開いた。

講師として出席した作家の百田尚樹氏は、沖縄の地元紙が政府に批判的だとの意見が出たのに対し、「沖縄の二つの新聞はつぶさないといけない」と発言した。一体、何様のつもりか。見過ごせないのは、百田氏の基地問題に関する発言に事実認識の誤りやゆがみが目立つことだ。

百田氏は米軍普天間飛行場の成り立ちについて、「みんな何十年もかかって基地の周りに住みだした」と指摘した上で、騒音訴訟の判決に触れ、「そこを選んで住んだのは誰だと言いたい」と自己責任論を展開した。

とんでもない認識不足である。普天間飛行場は沖縄を軍事占領した米軍が本土侵攻に備えて住民を収容所に移住させ、地権者の合意もなしに一方的に建設したものだ。宜野湾市には戦後、普天間飛行場のほかにもキャンプ瑞慶覧、キャンプ・マーシー、キャンプ・ブーンなどの基地が建設された。地域の人々は、旧居住地に戻れないために基地の周りや他地域で不便な生活を強いられたのだ。

■　■

司法は騒音の違法性を認め、いわゆる「危険への接近」論を採用していない。普天間飛行場の騒音被害を自己責任だと主張するのは、周辺住民の苦痛や不安を知らない局外者の暴言というしかない。

百田氏は米兵によるレイプ事件についても「沖縄県全体で沖縄県自身が起こしたレイプ犯罪の方がはるかに率が高い」と語ったという。人権感覚が疑われる発言である。

勉強会では安保関連法案を批判するメディアの報道について、出席した議員から「マスコミを懲らしめるには広告料収入をなくせばいい。文化人が経団連に働きかけてほしい」との声が上がった。

4月には自民党情報通信戦略調査会が放送内容に文句をつけ、放送法上の権限がないにもかかわらず、テレビ朝日などの経営幹部を呼びつけたばかり。国会の1強体制がもたらした「権力のおごり」は、とうとう来るところまで来てしまったようだ。

■　■

「沖縄に寄り添う」と口では言いながら、安倍自民党の対応は沖縄の多くの人々の感情を逆なでし、反発を増幅させている。

昨年の名護市長選、県知事選、衆院選で「辺野古ノー」の圧倒的な民意が示されたことを地元メディアの報道のせいにするのは、現実から目をそむけるようなものである。

一連の選挙でなぜ、あのような結果が生じたのか。沖縄の声に謙虚に耳を傾け、見たくない現実にも目を凝らすのでなければ沖縄施策は破綻する。（6月27日付）

6月27日　国会5議員が抗議声明／異例の早期処分

国会5議員が抗議声明

県選出の野党国会議員5人は27日、自民党若手国会議員の勉強会で、作家の百田尚樹氏が「沖縄2紙はつぶさないといけない」などと述べた問題をめぐり、発言を「暴言、妄言」として撤回と謝罪を求める抗議声明を発表した。同日、県議会で記者会見を開いた。声明文は「民主主義社会にあってマスメディアが権力に対して批判的なスタンスであることは健全だ。報道機関を名指しして『つぶす』と述べるのは憲法21条の報道・表現の自由に反する。断じて看過できない」と訴えている。百田氏の発言に、「事実誤認に基づくもので、沖縄に対する不見識の甚だしさを物語っている」と批判している。

照屋寛徳衆院議員（社民）は会見で「百田氏の発言は単なる勉強不足をはるかに超えた、悪意に基づく意図的な曲解だ」と批判した。百田氏の小説『永遠のゼロ』を引用して、出席した自民党議員に対し「国会議員としての資格や資質は『永遠のゼロ』だ」と語った。

仲里利信衆院議員（無所属）は一連の百田氏の発言に対し「本気であういうことを言う自体が考えられない。ウチナーに対する侮辱の発言だ」と憤った。

玉城デニー衆院議員（生活）は百田氏が自身の発言を冗談だったと話したことに「オフレコや冗談という逃げはない」と非難した。

糸数慶子参院議員（無所属）は安倍晋三首相に対し、「事実を確認し、県民と新聞社に謝罪するべきだ」と抗議した。

　声明文は照屋氏をはじめ、赤嶺政賢氏（共産）、玉城氏、仲里氏、糸数氏の連名。百田氏本人と、勉強会に出席した国会議員に近く送る。

（6月28日付3面）

百田尚樹氏の発言に対し抗議声明を発表する（左から）糸数慶子氏、玉城デニー氏、照屋寛徳氏、仲里利信氏＝27日午前、県議会

県民 百田氏らへ反発 「あの時代に戻るのか」

　自民党の勉強会で講師を務めた作家の百田尚樹氏や出席議員の発言への批判が収まらない。県内の市民団体や教育団体は27日、緊急に抗議決議や声明を発表。沖縄戦体験者は「あの時代に戻るのではないか」と憤りと不安を口にした。沖縄タイムスへも県内外の読者から電話やツイッターで多くの声が寄せられ、〝言論弾圧〟に反発が強まっている。

　「何の権利があって、沖縄の2紙が要らないと言うのか」。沖縄戦を体験した那覇市の島袋ツルさん（88）は怒りをこらえきれず、沖縄タイムスに電話した。50年以上新聞を読み、何よりの楽しみにしてきた。百田氏の沖縄に関する発言を読み「事実を知らないのに、自分だけが物事をよく知っているという傲慢（ごうまん）さを感じた」と憤った。

　元白梅学徒隊の中山きくさん（86）は「勝つ見込みのない無謀な戦争に日本が突き進んだのは、政治圧力に屈した報道機関がうその情報を流し続けたからだ」と指摘。「戦争を知らない世代の議員たちが『報道に圧力をかけたらいい』と平然と語る。あの暗い時代に再び戻ってしまうのではないか」と不安を募らせた。

沖縄タイムスのツイッターには、百田氏が米軍普天間飛行場の成り立ちを誤認した発言に対し「訂正して謝罪してほしい」「総理も大臣も知らないのでは」、2紙に対する発言については「冗談と言うが、本音だろう」との書き込みなどがあった。

沖教組（山本隆司委員長）の第51回定期大会では急きょ、百田氏の発言に関する抗議決議案を提案し、採択した。安倍晋三首相宛てに「発言は、沖縄の歴史的事実をねじ曲げ、米軍基地被害に苦しむ県民を侮辱している」と指摘。県内2紙への発言も「民主主義への挑戦としか捉えられない」と批判した。

住基ネットに反対する「監視社会ならん！市民ネット沖縄」（上江洲由美子代表世話人）も、抗議声明を安倍首相と百田氏らに郵送。太平洋戦争中に報道統制が敷かれたことで多くの悲劇を招いたことを挙げ、百田氏の発言を「許してはならない」と断じた。

新基地建設への抗議行動が続く名護市辺野古の米軍キャンプ・シュワブゲート前でも、批判が相次いだ。うるま市具志川九条の会の仲宗根勇共同代表（74）は「首相一派がいかに無教養か、日本のわびしい現実が表れた」と評した。

（6月28日付27面）

幕引き図り　異例の処分

■関連・配信記事（6月28日付）

青年局長ら4氏処分（1面）

自民党は関係した4衆院議員を一斉処分。勉強会代表の木原稔党青年局長を更迭の上、1年の役職停止処分。「マスコミをこらしめるには…」などと発言した大西英男氏ら3人を厳重注意とした。

[表層深層] 安保法案に逆風（3面）

憲法学者に「違憲法案」と指摘されたのに続く大きな痛手。自民党内には「あと1回、何かあれば法案はアウトだ」

（閣僚経験者）との危機感。

「更迭で問題収束しない」県政与党が批判

自民党の会合で作家の百田尚樹氏が県内２紙への批判や米軍普天間飛行場の成り立ちについて言及した問題をめぐり、自民党が会合を主催した青年局長の木原稔氏を更迭することに、県議会与党からは「１人を更迭しても問題は収束しない」として自民党そのものの政治姿勢を追及する声が上がった。野党の自民は「党本部として厳しい姿勢で対処した」としつつ、党に安全保障問題で慎重な対応を望んでいる。

与党連絡会座長の仲宗根悟氏（社民・護憲）は「問題を収束させようとしているのかもしれないが、１人を更迭しても解決にはならない。誤った歴史認識を持ち、言論弾圧に同調する議員が低レベルの会合を開くこと自体が嘆かわしいことだ」と厳しく批判した。

中立会派の公明県民無所属の金城勉氏は「自民もっと問題の大きさを認識したのだろう。沖縄の歴史や表現の自由をしっかり認識し発言や行動するべきだ」と指摘。維新の當間盛夫氏も「更迭は当然の対応だろう。今の自民そのものが数の力で安保法制を成立させようとしており、そのおごりが出た。政治感覚がまひしている」と党としての姿勢を問題視した。

自民の具志孝助氏は「安保法制をめぐり緊張した状況の中で世間を騒がせた人へのペナルティーとしての更迭だろう。厳しい姿勢を示すことは大切だ」としつつ「今後は基地を抱えさせられている沖縄を誤解させる発言がないよう対応してほしい」と要望した。

（６月28日付２面）

「メディア偏向」島尻氏が発言

自民党の島尻安伊子参院議員がことし３月に開かれた党内の政策審議会で、「選挙の際に私の地元のメディアは偏っていた」と発言していたことが27日分かった。県選出の野党国会議員が同日開いた百田尚樹氏への抗議声明の会見で、糸数慶子参院議員（無所属）が明らかにした。

島尻氏は、沖縄タイムスの取材に「数カ月前の発言なので議事録を確認したいが、沖縄県内の報道を批判したというより基地に反対する意見が多く取り上げられているという趣旨の指摘だ」と説明した。

　糸数氏は「どんな立場のメディアでも認めるべきで批判はおかしい」と問題視した。

　政策審議会は会合は3月4日に国会内で開かれ、国会図書館の「放送アーカイブ」に民放の放送を保存するかをテーマにしていた。

（6月28日付3面）

■配信・関連記事（6月28日付）
自民党勉強会　参加した議員の発言（3面）
　白須賀貴樹氏（衆院千葉13区）「（百田氏発言は）彼一流のジョーク」。「勇ましい発言が続いたので、私はもう少しソフトな言葉を使った方がいいと言ったが、報じられなかった」
　鬼木誠氏（衆院福岡2区）「沖縄の2紙がひどいとは思う」「実際に読んで検証していないので、あくまでもイメージですよ」

在京紙も危機感　沖縄2紙の声明紹介

　安倍晋三首相に近い自民党若手国会議員らによる勉強会で、議員や作家の百田尚樹氏から報道機関に圧力をかけるような発言などが相次いだことに、在京の全国紙やブロック紙（東京版）などは27日付朝刊で、1面トップ記事や社説などで大きく扱った。野党がこの問題で政府・与党を追及した26日の衆院平和安全法制特別委員会での論戦や勉強会参加議員の発言の詳細、沖縄の反応などを取り上げた。

　朝日新聞、毎日新聞、東京新聞は1面トップで、読売新聞、産経新聞、日本経済新聞は中面のトップや2番手記事として報じた。朝日と毎日、東京は社会面でも大きく取り上げ、地元沖縄からの抗議の声を掲載した。

　朝日は『政権』という重い権力を担う自覚に欠けた、自民党の姿だ」とのコラムも1面に掲載。社会面では、米軍普天間飛行場のある宜野湾市の佐喜真淳市長や市の軍用地等地主会長らの抗議の声を詳しく報じた。

毎日も「報道に圧力　首相『遺憾』」「安保国会　新たな火種」などとの見出しで、閣僚や与野党幹部の発言などをまとめた。

東京新聞は最も多くの紙面を割いた。「『報道圧力』安保審議に波及」などと、1面や政治面、社会面など計6面で関連記事を展開。読売と産経は主に安保法案審議での与野党の攻防を中心に掲載した。

自民党勉強会の発言内容などを伝える27日付の全国、ブロック紙朝刊

朝日、毎日、読売、東京は社説でも取り上げた。「自民の傲慢は度し難い」「沖縄県民全体に対する明らかな侮辱である」（朝日）、「言論統制の危険な風潮」（毎日）、「沖縄2紙のみならず、報道機関全体で抗議すべきだ」（東京）との論調で一致。読売も「『1強』勢力の自民党のおごりの表れであり、国会議員としての見識も疑われる」と疑問視。沖縄の地元紙については「『辺野古移設反対』を掲げる論調には疑問も多い」としつつ「百田氏の批判はやや行き過ぎている」と批判的な見方をした。

確認した全6紙が沖縄タイムスと琉球新報の両編集局長名の共同抗議声明を報じた。東京は声明全文を掲載した。

（6月28日付総合面）

■関連・配信記事（6月28日付）

「言論の自由危ない」　東京渋谷　学生訴え（27面）

6月28日　百田氏「本気でつぶれたら…」

県内自民支持者が反発

自民党若手国会議員の会合「文化芸術懇話会」での作家の百田尚樹氏や出席者から出た米軍普天間飛行場の成り立ちや県内2紙への批判についての発言への反発が、県内の自民党国会議員の支持者にも広がっている。問題発覚後初めての週末、国会議員が出席した会合では「百田氏の発言は浅はかだ」「事実誤認だ、けしからん」などの意見が噴出。議員は今後、党内で正しい沖縄の歴史や情報を伝える考えを説明するなど対応に追われた。

国場幸之助衆院議員が27日に出席した県内での支持者との会合では、出席者から「まさか国場さんが主催する会合か」「与党内で報道への圧力をかける話が出るとは」など百田氏や文化芸術懇話会に出席した国会議員の発言に対する指摘や質問が相次いだ。

「力が足りずにすみません」。国場氏はそう言って頭を下げたという。百田氏が発言した会合は青年局長を更迭されることになった木原稔衆院議員が主催。国場氏の言葉の背景には、同じく若手で青年局次長を務める立場から、党内で沖縄に関する事実誤認が指摘される発言が出たことを申し訳なく思う気持ちがあった。

28日に那覇市内であった後援会幹部らによる定期会合でも百田氏発言について意見が交わされた。

発言への批判と同時に、出席者からは「党内で沖縄がやっかいもののように思う雰囲気が問題だ」と指摘する声も。後援会の宮城宏光会長は会合後、沖縄タイムスの取材に「沖縄の国会議員が沖縄のことを正しく説明し、理解者を増やすことが重要だ」と指摘した。

普天間を抱える宜野湾市やその周辺が選挙区になる宮崎政久衆院議員にも、週末の会合で支持者から「百田さんの発言はとても残念だ」などの声が寄せられた。

宮崎氏は木原氏に「歴史的事実を無視し県民を愚弄（ぐろう）している」と抗議文を手渡したことを説明。「木原氏は派閥の先輩で親しみもあったが、それでも許せないという思いで行動した」と思いを語った。


（6月29日付1面）

■関連・配信記事から（6月29日付）
宇宜野湾郷友会総会「住民脅かす」（27面）
大部分が米軍普天間飛行場用地として接収された宜野湾市宜野湾の元住民らによる「宇宜野湾郷友会」総会で「住民をばかにしている」などの声が相次いだ。

百田氏、また2紙攻撃

■関連・配信記事（6月29日付）
本気でつぶれたらいいと思う（1面）
百田尚樹氏が大阪府泉大津市での講演、「（つぶさないとの発言は）その時は冗談口調だったが、今はもう本気でつぶれたらいいと思う」「（ツイッターに）私が本当につぶれてほしいと思っているのは、朝日新聞と毎日新聞と東京新聞」と投稿したとも話した。
谷垣幹事長が謝罪（1面）
谷垣禎一・自民党幹事長はＮＨＫの番組で「大変申し訳なかったという気持ちだ」と謝罪。野党側は安倍政権を一斉に批判。
自民勉強会で報道圧力発言　県内2紙の考え（2面）
権力に「ノー」言う使命　沖縄タイムス　石川達也編集局次長
基地弊害に立ち向かう　琉球新報　松元剛編集局次長兼報道本部長

報道圧力　野党追及緩めず　安保に影響不回避（3面）
暴言と圧力「重い病」　識者の見方（27面）↓97頁
「言論封殺」　山形新聞が声明（27面）
放送を語る会　首相に抗議文（27面）

政府のメディア介入
根底に隠す　不都合な事実

英議会は2013年12月3日、米国家安全保障局（NSA）に勤務していたスノーデン元職員から入手した機密情報を基に、米政府が全世界で個人の通話・メールを無断傍受していた事実を公表した英ガーディアン紙を「英国の敵を支援する行為だ」と批判し、同紙のラスブリッジャー編集長を議会召喚した。

約1時間半にわたり激しい質問が飛び交うなかで、同編集長は英政府が米政府と共に同盟国も対象とした大規模な監視活動をしてきたと批判。「国家の安全を脅かした」との議会の批判に対しては「英政府にとって恥ずかしい事実かもしれないが、国家の安全を脅かすような内容は含まれていない」と反論。「君はこの国を愛しているか」との問いに対しては「われわれは愛国者だ。われわれが愛国心を持つ理由の一つは民主主義であり、そしてわが国の報道の自由だ」と主張。英政府から圧力を受けていた事実も明らかにした上で、「われわれは政府の嫌がらせに屈しない」と強い意志を明示した。

同紙と報道の自由を支持をする声明を発表し、英政府に真っ向から対峙するガーディアンの支援に立ち上

大弦小弦

「つぶされないでよ」。作家の百田尚樹氏が県内2紙を「つぶさないといけない」と発言してから、よく声を掛けられる▼新聞は県民の声でできている。「2紙をつぶすというのは民意をつぶすのと同じだ」。こちらが圧倒されるくらい怒ってくれる人がいる。ライバルの2紙が異例の共同抗議声明を出したのも、個々の会社ではなく県

がったのは、同じくスノーデン元職員からもたらされた情報を公表した米紙ワシントン・ポストやニューヨーク・タイムズなど13の報道機関。１９７２年、後に当時のニクソン大統領を辞任に追い込む契機となったウォーターゲート事件をスクープし、米政府から圧力を受けた経験を持つワシントン・ポストのバーンスタイン記者は「英政府は米国家安全保障局によるスパイ問題を報道機関の問題にすり替えようとしている」と政府が報道の自由を脅かすことがあってはならないと批判した。

政府がメディアの報道体制に介入するとき、その根底に不都合な真実が覆い隠されているときがある。

元ＮＨＫ経営委員の百田尚樹氏の「沖縄の新聞はつぶさんといかん」発言。真につぶしたいものは何なのか、つぶすことにより誰から何を奪おうとしているのか。発言の背景にある『不都合な真実』とは何なのかを私たち一人一人がしっかり考える必要がある。

（平安名純代・米国特約記者）

（6月29日付2面）

民全体への侮辱だからだ▼沖縄本島では戦後、10以上の新聞が生まれた。支配者である米軍の側に立つ新聞もあって、今の2紙が残った。つぶすかどうかは、権力者ではなく住民が決める▼2紙の創刊時は米軍が検閲し、紙の供給も握っていた。当初、論調は遠慮がちだった。だが、事件・事故に怒る住民に背中を押され、不条理を告発できるようになった。言論の自由が、憲法と共に天から降ってきた本土とは違う。住民と新聞が一緒に、一歩ずつ、勝ち取ってきた▼事件・事故などの基地被害は、思想信条で我慢できるものではない。拒否するのは生活者として当たり前だ。「沖縄の世論はゆがみ、左翼勢力に完全に乗っ取られている」と中傷した自民党の長尾敬衆院議員は、県連や支持者にも唾したに等しい▼沖縄が思うままにならないからと、いら立ちをぶつけても逆効果でしかない。新聞も県民も変わらない。なぜ同じ愚を繰り返すのだろう。

（阿部岳）

〈2015・6・29〉

［社説］「安倍応援団」暴言

沖縄への偏見あらわに

安倍晋三首相に近い自民党若手議員でつくる勉強会「文化芸術懇話会」で、沖縄2紙を含む報道機関を威圧するような発言が噴出した問題に関し、同党は勉強会代表の木原稔党青年局長（熊本1区）を更迭し、1年間の役職停止処分とすることを決めた。

また「マスコミをこらしめるには広告料収入がなくなることが一番だ」と発言した大西英男氏（東京16区）、「番組ワースト10とかを発表して、それに（広告を）出している企業を列挙すればいい」と述べた井上貴博氏（福岡1区）、「沖縄の特殊なメディア構造をつくってしまったのは戦後保守の堕落だった」と発言した長尾敬氏（比例近畿ブロック）の3人を厳重注意とした。

勉強会での発言で浮き彫りになったのは、安倍首相の応援団を自認する自民党若手議員の中に、報道機関に圧力をかける言論統制的な発想を平気で口にする体質があることだ。加えて、苛烈な沖縄戦やそれに続く米軍統治下の沖縄の苦難の歴史について、理解が決定的に欠けていることである。

安倍首相は、勉強会での発言について「事実であれば大変遺憾だ」と述べたが、問題の根は深い。勉強会には首相側近とされる加藤勝信官房副長官、萩生田光一党総裁特別補佐も出席していた。辺野古への新基地建設をめぐって政府と県の対立が深まっているときだけに、政権への不信感を一層募らせることになりかねない。

■　■

沖縄では23日、沖縄全戦没者追悼式が行われた。翁長雄志知事は、県民が望む恒久平和の実現と普天間飛行場の辺野古移設中止を訴えた。

追悼式のあいさつで大島理森衆院議長は故・山中貞則初代沖縄開発庁長官の「沖縄のこころをより深く理解し、常に思いをいたしたい」との言葉を引用し、県民に寄り添う姿勢を示した。大島氏は山中氏から「沖縄の人の心になり、沖縄の人の目で東京を見なさい。決して東京から沖縄を見てはいけない」と教えられたエピソードも披露した。

かつて自民党には橋本龍太郎元首相や梶山静六元官房長官、小渕恵三元首相、野中広務元官房長官など、沖縄戦を体験した県民に寄り添うことを信条として沖縄政策を展開した政治家がいた。

それを知らない若い世代の議員が安保政策や沖縄政策を進めている。勉強会の発言はそういう時代の転換期に現れたものであるが、危うさを感じる。

■　■

作家の百田尚樹氏が「普天間飛行場は田んぼの中にあり、商売のために周囲に人が住みだした」などと発言したことについて、与党自民党の県関係国会議員の反応が鈍い。

「歴史的事実を無視し、県民を愚弄（ぐろう）するもの」と抗議文を手渡した宮崎政久氏と「独自の勉強会を続ける」とした国場幸之助氏のほかはコメントを控えている。特に県連会長を務める島尻安伊子氏が会合不参加を理由に「コメントできない」としているのは納得できない。県連会長として一連の発言をどうとらえているのか、明らかにすべきだ。

（6月28日付）

6月29日　宜野湾市議会が抗議決議

宜野湾市議会が抗議決議

作家の百田尚樹氏が自民党若手議員の勉強会でした発言に対し、宜野湾市議会（大城政利議長）は6月定例議会最終日の29日、発言の撤回と謝罪を求める抗議決議を全会一致で可決した。発言に対する抗議決議は県内初。一方、県議会では与党5会派が同日の代表者会議で同様の抗議決議を提案することを決めたほか、那覇市でも決議の動きがあるなど抗議の動きが広がっている。

宜野湾市議会の決議では「普天間基地は田んぼの中にあった」との発言に「戦前10の集落や村役場などがある村の中心だった」と反論するなど、百田氏が25日の勉強会で行った発言を批判。「沖縄2紙をつぶさないといけない」との発言は「表現の自由を封じ看過できない」としている。

また県議会与党による抗議決議は、多数与党のため提案されれば与党のみでも可決する見通しだが、野党の自民、中立の公明県民無所属と維新にも呼び掛け全会一致を目指す。与党は近く抗議集会も開く方向で調整に入った。

与党連絡会座長の仲宗根悟氏（社民・護憲）は代表者会議後、「発言は報道の弾圧、沖縄の歴史の歪曲（わいきょく）で看過できない」と抗議の理由を説明。渡久地修氏（共産）は「2紙への批判は読者である県民への攻撃でもある」と指摘した。

那覇市議会も29日の議会運営委員会（仲松寛委員

長）で抗議決議案を審議した。７月８日の最終本会議に上程され、可決される見通し。さらに西原町議会や浦添市議会も百田氏の発言に抗議をする動きがあるという。
（６月30日付１面）

百田尚樹氏の発言に対する抗議決議を全会一致で可決した宜野湾市議会６月定例会＝29日、宜野湾市役所

［解説］「金目当て」に怒り

作家の百田尚樹氏が自民党の勉強会でした発言に対し、宜野湾市議会が与野党の立場を超え全会一致で抗議決議した。市民に加え、市議の間にも「カネ目当てで普天間飛行場周辺に住み始めたかのような発言は認められない」との怒りが共有されていたためだ。

伏線は百田氏の発言が初めて報道された26日の一般質問。同市議会は通常、事前通告した項目以外の一般質問は認めておらず、６月定例会の通告はすでに締め切り済み。だが報道を受け最初に質問に立った与党系市議は、大城政利議長の「短時間だけ」との了解を得、慣例に反する形で報道の事実関係をただした。

大城議長は「それくらい問題だとの認識が各議員にあったからだ」と話す。佐喜真淳市長がこの日午後、記者団に対して「事実なら県民をばかにしたような感じ」と発言を批判したのも与党側の後押しになった。

決議を持ちかけた野党側も、内容を最初から百田氏の発言に絞り、勉強会での自民党議員の発言にはあえて触れなかった。同市議会が定数26のうち与党系・中間派が18議席を占め、自民系議員の反発を呼べば決議がおぼつかないとの判断からだ。

事実、同じ議会で野党が提案した安全保障法制の廃案を求める決議は反対多数であっさり否決された。県内初の抗議決議はこうして実現した。

（6月30日付2面）

宜野湾　5時間調整の末

昼食を挟み4時間40分、断続的な文言の調整が続いた。作家の百田尚樹氏が自民党の勉強会で行った発言に対し、宜野湾市議会が29日に行った抗議決議。市議らの一致した怒りを自民党側の市議が受け入れられる表現に、どうまとめるか。議会が約5時間空転する中でまとめられた。

決議を持ちかけたのは野党側。同日朝の議会運営委員会で与党側に提案した。提案した桃原功市議は「この日の朝刊に載っていた、沖縄の新聞2紙を『本気でつぶさないといけない』という発言で、これはやらねば駄目だと思った」。与党側からも「俺たちも怒っているんだ」との声が上がり、百田氏に発言撤回と謝罪を求める決議の趣旨はすんなり合意。この日が6月定例議会最終日のため、異例の即日決議が決まった。

そこでまず野党側が案文を作成。ただこの案は、与党議員の受け入れるところとはならなかった。多数を占める与党側に配慮し、勉強会の中で自民党議員が発言した内容はあえて触れていなかったが「自民党の若手議員による勉強会」などの表現が残っていたためだ。

そこで今度は与党主導で案文の修正作業が始まり、「県民への侮辱」「沖縄への敵意」といった「刺激の強い」（与党市議）内容も削るなど、これも異例のほぼ全文書き換えに。「党本部と後でトラブルになっても困る」（別の与党市議）からだ。

与党最大会派「絆クラブ」の島勝政会派長は「文言はだいぶ変わったが、百田氏の発言に対する怒りは野党と同じ。百田氏は沖縄への認識のなさを反省してほしい」と話した。

（6月30日付29面）

［ニュース断面］

県議会　矛先に思惑

米軍普天間飛行場の成り立ちの誤認や報道に対する弾圧が指摘される発言をした作家の百田尚樹氏と、発言の場となった勉強会を開いた自民党若手議員への抗議は日を追うごとに大きくなっている。安保法制審議

宜野湾市議会　抗議決議全文

マスコミ報道によると、6月25日に開催された、文化芸術懇話会において、貴殿が発言した内容は、「普天間基地は田んぼの中にあり、周りには何もなかった。基地の周りに行けば商売になると、みんな何十年もかかって基地の周りに住みだした。基地の地主は大金持ち。基地が出ていくとお金がなくなるから困る。沖縄は本当に被害者なのか」等の発言は、沖縄の歴史に対する無理解からくるものである。

現在の普天間基地は、戦前10の集落があり、村役場や郵便局が存在する村の中心であったが、先の大戦によって強制的に奪われたものである。宜野湾市のど真ん中に481ヘクタールの基地があるがゆえに基地の周辺に住むしかないという現実がある。

また、軍用地主が大金持ちとの発言についても誤りがある。宜野湾市内の軍用地の借料は平均200万円である。事実と異なる表現であるばかりか、県内外の人々に誤解と不信を与えかねない。加えて先祖伝来の土地を強制的に接収された地主のみなさんの尊厳を傷つける発言であり容認できない。

さらに、「沖縄2紙はつぶさないといけない」という発言は、表現の自由を封じる言論であり看過できない。

よって、宜野湾市議会は貴殿に対して発言の撤回と謝罪を強く要求する。

2015年6月29日

宜野湾市議会

などへの影響を懸念する自民党本部は収束を図るが、県議会では与党が抗議決議の提案だけでなく、集会開催の調整に入った。一方、抗議決議案の内容は与野党、中立でそれぞれの思惑が交錯し、全会一致での可決となるかは不透明だ。

■10分で終了

「これは沖縄県民への攻撃だ」

29日に開かれた県議会与党5会派の代表者会議は開始から約10分ほどで終了し、百田氏発言に対する抗議決議の提案を即決した。

抗議のポイントは①普天間の成り立ちなど歴史的な事実の誤り②報道に対する弾圧―の2点。異論は一切出ず、決議だけでなく抗議集会の開催に向けて検討することも確認した。

与党は会議後に文案の検討に入り、29日夜段階では抗議文の宛て先を安倍晋三首相、勉強会を開いた自民党の二つとし、文章の中で百田氏に抗議する案となっている。

だが、自民側は異なる考えだ。百田氏の発言を「言語道断だ」（具志孝助県連幹事長）と明確に批判する一方で、幹部は「抗議先を自民とするなら話は別だ」と身構える。

逆に、中立会派の維新の県議は「責任を問うのならば百田氏でなく、政党である自民だ。百田氏に抗議すると、彼の表現の自由はどうなるのか」とし、個人への抗議ならば賛成しない方向だ。

同じく中立の公明県民無所属の一人は百田氏、自民の両方に責任はあるとしつつ「最近、基地問題をめぐる決議は賛成多数のケースが多い。本来なら全会一致で重みがある決議が望ましく、今回はまさにその時だ」と全会派の歩み寄りを求めた。

■収束見えず

問題発言の発端となった勉強会を主宰した木原稔青年局長を更迭し、早々と事態の沈静化に乗り出した自民。だが29日も野党からの批判は相次ぎ、党関係者は「収束までの道のりが見えない」とため息をつく。

同日の衆院平和安全法制特別委員会では民主、共産を中心に懇話会に出席した加藤勝信官房副長官の処分や菅義偉官房長官の謝罪を求める質問が続出した。

政府は「有志による非公開の集まり。政府の立場でコメントは控える」（菅氏）と防戦一方。7月6日には沖縄で特別委の参考人質疑も予定されており、野党委員の一人は「この問題はまだまだ追及する」と手綱を緩める様子はない。党幹部は「首相の背中を鉄砲で撃ったようなものだ」と木原氏らを批判する。

そこへ、飛び込んできた県議会と宜野湾市議会の抗議決議。政府関係者の1人は、「来年は落とせない宜野湾市長選、参院選も控える」と危機感を募らせた上で、こう嘆いた。

「安保法制、70年談話、辺野古埋め立て。泣きっ面に蜂とはこのこと。安倍政権にとり極めて険しい夏を迎える」

（6月30日付3面）

・県内市町村、決議模索

言論弾圧に黙っているわけにはいかない―。自民党議員の勉強会で出た「報道圧力」発言をめぐり、県内市町村の議会で抗議決議や意見書を模索する動きが広がっている。真っ先に可決した宜野湾市議会では5時間空転した末、自民党も含めて与野党が歩み寄った。「住民の代表として憤りを示す」。追随する市町村も含め、保守・革新の垣根を超えた意思が議会を突き動かしている。

那覇市議会で決議案を提案した古堅茂治市議は「民主主義を守るべき政治家が言論の自由を否定している。普天間飛行場の成り立ちと反する発言もあり、県都の議会として怒りを示す必要がある」と指摘した。

「商売目当てに基地の周りに住み始めたなどという発言は、基地を抱える浦添としても黙っていられない」。浦添市議会のある自民系議員は不快感を示す。

豊見城市議会野党会派は30日の最終本会議で、安倍晋三首相に宛てた意見書案を提案する予定。瀬長美佐雄市議は「自民党議員による言論弾圧に異議を唱えたい」とし、百田尚樹氏が普天間飛行場について「もとは田んぼの中」とした認識にも触れ「このような発言が出る勉強会を開いた党の責任も問いたい」とした。

抗議を模索している西原町議会のある議員は「歴史

を振り返っても、言論統制は戦争につながる道。政府が憲法9条の枠を超えて安全保障関連法案をごり押しする中、権力にものを言うなと圧力をかけるような姿勢は問題だ」と話した。

（6月30日付29面）

■関連・配信記事（6月30日付）

知事「将来に禍根」（1面）

翁長雄志知事が記者団に答え、百田氏の発言について「愕然としている。本当に悲しいし、寂しい。百田さんが知識人であるが故に、たいへん怒りも出てくる」と批判。「一政党が考えが違うものをつぶすような仕組みをつくってしまえば、日本の将来に禍根を残す」と憂慮した。

政府、県民への謝罪拒否（1面）

菅義偉官房長官は29日の衆院平和安全法制特別委員会で「(勉強会での発言は)党の問題なので、政府として調べてコメントする立場にない」と、野党から求められた謝罪を拒否。これに先立ち、安倍晋三首相は谷垣禎一幹事長との会談で「表現の自由は民主主義の根幹だから配慮する姿勢を示さないといけない。沖縄の人の気持ちに反する発言もあり遺憾だ」と語った。

官房長官 百田発言を否定（2面）

菅義偉官房長官は、米軍普天間飛行場の成り立ちについて「戦時中以降、米軍が民公有地を接収して建設したものだ」と述べた。29日の衆院平和安全法制特別委員会で。

収拾見えず 焦る自民（7面）

自民党執行部は、新たな問題発言を防ぐため議員のテレビ出演を規制して沈静化を待つ。野党は、自らの責任への言及を避ける安倍晋三首相に照準を合わせ、追及を続ける構え。

報道、一斉に反論

地方紙、1面や社説

自民党若手議員の勉強会で、沖縄2紙を「つぶさないといけない」とした作家の発言や議員の報道機関に圧力を掛けるような発言が相次いだことに対し、全国の地方紙でも反論が広がっている。1面に主張を掲載した社もあり、報道と言論の自由を脅かす発言に一斉に異を唱えている。

　山形新聞は28日付の1面に、寒河江浩二主筆・社長名で「緊急声明」を掲載した。政権に批判的な新聞社はつぶしてしまえ、などの発言を「まるで戦前の軍部のような横暴な意見」と批判。言論の自由、報道の自由、新聞の独立という「民主主義の根幹にかかわる問題」と指摘し、緊急声明で「県民にその是非を問いたい」と発信した。

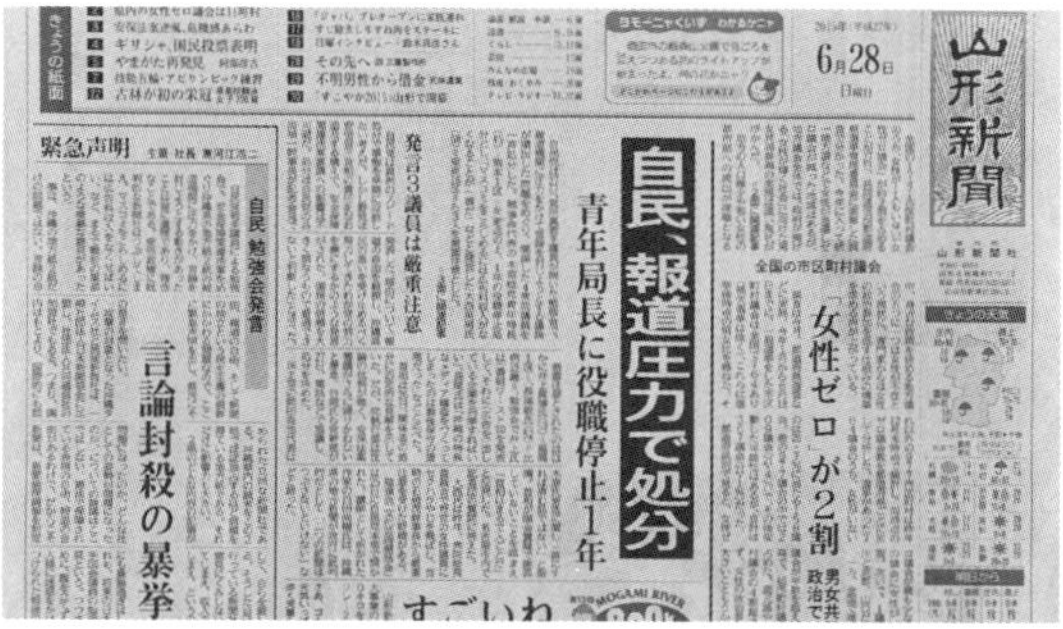
山形新聞
6月28日
自民、報道圧力で処分
青年局長に役職停止1年
発言3議員は厳重注意
女性ゼロが2割
全国の市区町村議会
緊急声明
自民 勉強会発言
言論封殺の暴挙

山形新聞 2015 年 6 月 28 日付

　長崎新聞も30日付の1面で、今福雅彦編集局長名で「言論封殺の策動を許すな」とのメッセージを掲載する。長崎市に原爆が投下された翌日、同紙でも「被害は僅少だった」と報じた言論統制下の報道を反省。一連の勉強会での発言を「言論封殺の策動」と断じ、強く反論する姿勢を打ち出す。

　神奈川新聞は27日付社説を、26日夕方に速報としてネット発信。「発言の背後にある発想は独裁国家そのものだということにどれだけ自覚的だろうか」と問うた。百田尚樹氏の発言には「本土防衛の時間稼ぎに沖縄を捨て石にした差別意識がなお息づくのをみることができる」と指摘した。

　中国新聞は28日付社説で「厳しい批判を正面から浴びるのも、時の政権の責任ではないのか。思うままにならないから異論を封じようというなら、最初からまともな政策ではなかったということだ」と断じた。

　京都新聞も28日付社説で取り上げた。県内2紙の主張を「県知事選や衆院選などで示された民意に沿っている。そんな地元の声と真剣に向き合おうとせず、政権に批判的な世論を生んだ責任を報道機関に転嫁しようとする考えは筋違いだ」と記した。（6月30日付28面）

戦争させない委「翁長県政つぶし照準」

憲法学者や作家による「戦争をさせない1000人委員会」のメンバーでルポライターの鎌田慧さんらが29日、国会内で会見し、作家の百田尚樹氏を招いた自民党の若手勉強会で、沖縄の2紙に圧力を求める発言が相次いだ問題に対し、「自民党が翁長雄志県政をつぶすことを狙った圧力だ」と、一連の発言を批判した。

鎌田さんは「言論機関への弾圧でもあり、今の時代の『沖縄処分』の意味も含まれる」と強調。「翁長県政をつぶすために沖縄の新聞もつぶすというニュアンスを含んでいる。自民若手の権力意識が表れた歴史的な事件だ」と糾弾した。

評論家の佐高信さんは、「メディアへの明らかな挑戦。沖縄2紙に対する差別発言は、ほかのメディアへの侮辱でもある」と述べ、全メディアが権力と戦うべきだと強調した。

谷垣禎一幹事長が会見で、「自民は沖縄を大事にしてきた歴史がある」と釈明したことに触れ、「過去の自民とははっきり違っている」と指摘。その上で、「今

自民党勉強会での一連の発言を批判する（左から）鎌田慧さん、佐高信さん、山口二郎さん＝ 29 日、国会内

の与党は国民の声に耳を傾けない。自民の『自由、民主』も公明の『平和の党』も偽装表示だ」と断じた。

山口二郎法政大教授は、一連の発言の背景に、一般の人々が安全保障関連法案に疑問を持ちだしたことに対する政府・与党の「いらだち」があるとみる。「沖縄の2紙も読まず、沖縄に行き、どんな問題があるかも知ろうとしない。信じがたい偏見と愚かさで若手議員が劣化している」と厳しく批判した。

同委員会は29日、集団的自衛権行使容認や安保法制に反対する署名約165万人分を衆参両院と首相官邸へ提出した。

（6月30日付3面）

■関連・配信記事（6月30日付）

新聞協会編集委が声明（28面）

「政権与党議員、表現の自由ないがしろ」

民放連の会長抗議コメント（28面）

「日本の民主政治のレベル誤解させかねない」

自民前青年局長 追悼式怒号「県が動員」

報道機関を批判する意見が相次いだ自民党の若手議員の勉強会の代表で、党青年局長を更迭された木原稔衆院議員（45）＝熊本1区＝が、（6月）23日の沖縄全戦没者追悼式で安倍晋三首相に怒号を浴びせた参列者について「明らかに動員されていた」と、インターネット動画サイトで述べていたことが29日までに分かった。主催した県は「動員などはあり得ない」としており、県内からの反発が一層強まりそうだ。

木原氏は29日、沖縄タイムスの取材に応じず、事実関係の問い掛けにも答えなかった。木原氏の発言は25日の動画サイト「チャンネル桜」で配信されていた。だがこの動画は、29日夕までに非公開となっている。

動画で木原氏は、翁長雄志知事が平和宣言を読み上げる際には拍手が起き、安倍首相のあいさつ時には「帰れ」などのやじが飛んだことを「極めて異様な雰囲気だった」「（首相へ）罵声を浴びせたのは一部の固まった席の方」「主催者は沖縄県である」などと解説。「たくさんの式典や集会を見ているから分かるが、明らかに動員されていた」と持論を述べた。さらに、「そういったことが式典の異様な雰囲気になった原因ではないか」とし、やじを飛ばしたのは県の動員による参列者との見方を示した。

追悼式の主催者の一人である県議会の喜納昌春議長は「いくら何でもひどすぎる。ゆゆしき発言で、悲しくなる」と絶句。「自民党に沖縄のことを何も知らない議員がいることが問題。末期的だ」と怒りをあらわにした。

木原氏は25日、党本部で作家の百田尚樹氏を講師に招いて若手議員による「文化芸術懇話会」を開催。沖縄の2紙をはじめ報道機関に圧力を求める発言が出て問題となり、党本部は27日に木原氏を更迭した。

（6月30日付1面）

県議発言　沖縄の地元2紙「公平さ欠ける」

具志孝助県議（自民）は29日の県議会6月定例会の一般質問の冒頭で、県内2紙の基地問題をめぐる報道について「私の周辺でも相当な批判があり、公平公正さに欠ける。公平公正を堅持しなければメディアとしての信頼が欠ける。2紙にも謙虚な反省を促したい」と述べた。

また、具志氏は「百田尚樹氏の新聞社をつぶさないといけないという発言は言語道断で許されない。言論、報道の自由が保障されることで社会と民主主義が発展する」とも述べた。

一般質問後、沖縄タイムスの取材に「反省」の意味について「基地問題で一方の意見を掲載するのではなく、両方の意見の市民や有識者を掲載し県民に判断、勉強してもらう材料を提供していないのではないかという指摘だ」と説明した。

（6月30日付2面）

英紙「安倍政権がメディア骨抜きに」

英紙フィナンシャル・タイムズは29日、日本の主要メディアが慰霊の日の式典に参列した安倍晋三首相がやじを浴びた事実を報じなかった背景について、メディア管理に成功した安倍政権がメディアを骨抜きにしたなどと分析した。

同紙は、安倍首相が式典で「戦争屋」「帰れ」といったやじを浴びたことについて「礼儀正しい日本では非常に珍しく、国営放送局ＮＨＫと最大発行部数の読売新聞を含む多くのメディアが無視を決め込んだのは安倍首相がいかに日本のメディアを取り込んだかを示していると首相の批判者らは見ている」と指摘。

メディアが報道を控えた理由について「安倍首相は自身に近い支援者をＮＨＫの経営委員に任命し、報道の自由について恐怖心をあおる動きにおいて戦時中の従軍慰安婦問題でリベラル派の朝日新聞をターゲットにした」などと説明した。

一方、作家の百田尚樹氏が安倍首相に近いといわれる自民党の若手らが主催した勉強会で「沖縄の２紙はつぶさないといけない」などと述べ、メディアをターゲットにする方法などを検討したという報道の後、日本国内で「報道の自由に対する懸念が高まっている」とも指摘。

「安倍政権は、安全保障法案を強引に通過させるのに苦労している」などと発言の背景も説明した上で「安倍政権が過去2年半にわたり安定してきた要因の一つはメディア管理における成功」と分析した。

「安倍晋三氏が〝メディアを骨抜きに〟と非難」との見出しで報じられた記事は東京発。電子版では安倍首相の約5分間のスピーチとＮＨＫニュースの動画も併せて掲載されている。

（7月1日付総合面）

［社説］基地と報道

平和・公正の実現めざす

敗戦とサンフランシスコ講和条約によって沖縄は戦後、日本本土から切り離され、米軍統治下の苦難の道を歩むことになった。韓国や台湾と同じく、沖縄は冷戦の最前線にあった。

施政権が返還され、憲法が適用されるようになった復帰後も、本土と沖縄は決して同じ道を歩んだわけではない。

「小さなカゴに、あまりにも多くの卵を詰めた」（元米政府高官）ような基地オキナワの現実は変わらなかった。

県議会が米軍基地問題で意見書・決議を可決したのは復帰後、３９６件に上る。

県や基地所在市町村は、基地問題の処理に振り回され、飛行場周辺の住民は騒音や墜落の不安に悩まされ続けてきた。

これが沖縄の基地問題を語る際の歴史的な前提である。基地問題をめぐる地元メディアの報道姿勢は、この前提を抜きにしては何も語れない。

■　■

安倍晋三首相に近い自民党議員の勉強会で、報道機関を威圧し、言論を統制するような発言が、講師や参加者から飛び出した。

歴史的な前提を無視した一方的な発言が相次いだことは、「日本の安全保障のためには沖縄の負担や犠牲も止むを得ない」という沖縄切り捨ての発想が自民党の中に根深いことを浮き彫りにした。

この発想は、彼らだけの突出した考えではない。防衛事務次官を経験した故久保卓也氏は「基地問題は安保に刺さったトゲである。都市に基地がある限り、安保・自衛隊問題について国民的合意を形成するのは不可能」だと述べ、基地の沖縄集中を正当化した（『マスコミ市民』１９９５年11月号）。

安倍首相の外交・安保のブレーンだった元大使の故岡崎久彦氏も、沖縄の置かれた状況を船に例え、「沖縄の人が怒っているのは、自分たちの部屋がエンジンルームに近くて、うるさくて暑い。これは不公平だと言っているわけです。どうせ誰かがエンジンルームの側に住むわけだから、それに対する十分な代償をもらえばいい」と語った（『ボイス』96年2月号）。

だが、岡崎氏の議論はあまりにも一方的だ。なぜ、九州かどこかにエンジンルームを移さないのか。なぜ、沖縄がエンジンルームの側で我慢し続けなければならないのか。

実は過去何回か、米側から、沖縄の海兵隊を撤退させたい、との提案があった。その都度、米側提案に待ったをかけ、本土にではなく沖縄に駐留し続けてもらいたいと懇願してきたのは日本政府である。

撤退は困るが、本土に移すと政治的問題を引き起こすから、沖縄にとどまってほしい―。沖縄の人々はここに、基地をめぐる構造的差別を見る。

■ ■

宜野湾市議会は29日、普天間飛行場の成り立ちに関する作家の百田尚樹氏の発言に対し、強制的に土地を接収された地主の尊厳を傷つけるもの、だと全会一致で抗議決議を採択した。

県議会定例会で翁長雄志知事は、「本土の方々は沖縄の戦後を知らない」「あと20年たったら(基地問題は)余計に風化する。今のうちに発言しないと、本土の理解を得られない」と危機感をあらわにした。

戦後70年。日々の取材活動を通して私たちが実感するのも、沖縄戦や冷戦下の沖縄の状況に対する「歴史健忘症」の進行である。戦争体験者がいなくなり、「歴史健忘症」が社会の中に広がっていくと、戦争を防ぎ止める力が弱まる。

自民党の議員勉強会で驚かされるのは、参加した講師や議員の憲法感覚の乏しさだ。「マスコミを懲らしめるには広告料収入をなくせばいい。文化人が経団連に働き掛けてほしい」と言うに至っては、その稚拙さにあ然とせざるを得ない。

自分たちの気に入らない言論を権力で封じ込める。そのような言論弾圧的な発想が、安保法制の国会審議の最中に、加藤勝信官房副長官も参加した政権与党の勉強会で公然と語られたのである。

メディアの重要な役割は権力を監視することだ。沖縄戦と米軍統治を体験したメディアとして謙虚に、ひるまずに、役割を果たしていきたい。

(6月30日付)

6月30日　国会内で抗議集会

■関連・配信記事（7月1日付）

「沖縄への差別や蔑視」名護市長批判（2面）

儀間参院議員　謝罪求め声明（3面）

歴史学ばぬ姿勢を批判　作家の保阪さん（総合面）

　沖縄政経懇話会でノンフィクション作家の保阪正康さんが「戦後70年を考える」というテーマで講演した。沖縄2紙や、政府に批判的なマスコミに圧力を加えようという作家・百田尚樹氏と自民党若手議員の発言を取り上げ「安保関連法案はこういう社会と一体化すること。歴史を知ろうとしない姿勢にがくぜんとする」と批判した。

百田氏への抗議否決　豊見城市議会「言論の自由」（3面）

　与党市議から「百田氏にも言論の自由がある」「慎重に事実確認を行う必要がある」などの反対意見があった。

「百田氏発言」インタビュー　岡留安則さん（15面）↓99頁

「政権こそ偏向だ」　緊急集会でマスコミ関係者（31面）

　野党各党の政治家が呼び掛けた緊急の抗議集会が30日、国会内で開かれた。新聞労連の新崎盛吾委員長は「メディアの危機だということが全国の新聞社で共有されつつある」。沖縄タイムス東京支社の宮城栄作報道部長「偏向報道などと批判されるが、沖縄に軸を置けば安倍政権こそ偏向だ」と批判。

7月1日　県議会、抗議で調整

与党5会派　抗議決議提出へ

県議会与党5会派は2日、米軍普天間飛行場の成り立ちに関する事実誤認や県内2紙への批判と圧力が指摘される作家の百田尚樹氏の発言と、自民党の若手国会議員による報道圧力発言などに抗議する決議案を6月定例会に提出する。あて先は自民党の安倍晋三総裁(首相)。中立会派の公明県民無所属、維新も賛同し可決される見通し。野党の自民は難色を示しており全会一致は不透明な状況だ。

与党側は6月30日に決議の文案を野党、中立に手渡し、全会一致への協力を求めた。抗議のあて先が安倍総裁とあることで自民は賛同を困難視、各会派による共同声明を提案した。与党は県議会での決議は不可欠として提案に踏み切る。

抗議決議案は「自民党勉強会での報道機関への言論圧力、および沖縄県民侮辱発言への抗議決議」との題名で、安倍総裁に発言の撤回と県民への謝罪を求めている。

文中では「政府の意に沿わない言論機関を許さない態度は日本全国の報道機関への圧力だ」「普天間は土地を強奪して造られた。事実無根の話の喧伝は県民を愚弄している」など厳しく批判している。

百田氏発言をめぐっては、宜野湾市議会が6月29日に百田氏に発言の撤回と謝罪を求める抗議決議を全会一致で可決した。那覇市議会でも抗議決議案が提案され、8日の最終本会議で可決される見通し。西原町議会や浦添市議会でも百田氏の発言に抗議をする動きがあるという。県議会で抗議決議が可決されれば、報道圧力に抗議する決議が県内の市町村議会でさらに広がる可能性がある。

（7月2日付1面）

総裁へ抗議　自民及び腰

作家の百田尚樹氏と自民党若手議員の報道圧力などの発言で、県議会の与党5会派は2日に抗議決議案を提出する。与党は全会一致を目指して水面下の調整で野党の自民に協力を求めたが、総裁への抗議に難色を示す自民は決議ではなく異例の共同声明を要望。意思表示の手法をめぐる「入り口論」で協議は破綻した。中立の公明県民無所属、維新の2会派は決議に賛成する意向を示している。自民は、自らの党の所属国会議員らが全国的な批判を受けた問題にどう対応するかが問われている。

与党側は問題発覚後の6月29日に抗議決議の提案を決定し、翌30日には文案を野党、中立会派に手渡し協力を求めた。

宛先は自民党総裁としての安倍晋三首相。私人である百田氏に表現の自由があることや個人への県議会の抗議決議は例がないことを挙げ、国会議員という権力側からも報道圧力の発言があった政党としての責任を問うため、自民党総裁に抗議の照準を当てた。

自党のトップへの抗議に難色を示す自民は1日になり共同声明を持ちかけた。与党は「県議会として正式に意思表示する方法は決議しかない」（与党幹部）と拒否した。

全会一致が難しい状況での決議提案に、与党代表者の一人は「問題発覚後も自民国会議員が報道を威圧する発言をするなど事態は深刻。緊急性が問われる」と説明する。

自民の一人は「宛先の問題だけではなく、百田氏を批判するのは逆に言論弾圧では」と反論。幹部は「結局、自民を攻撃したいだけで政争の具にしている」と顔をしかめた。

だが、中立2会派は抗議は当然との立場だ。政権で連立を組む公明県民無所属の県議はこう指摘した。

「沖縄の歴史誤認や報道弾圧は抗議して当然。沖縄の自民も、地元として反骨精神を見せる時だ」

（7月2日付3面）

■関連・配信記事（7月2日付）
知事「遺憾」 県議会答弁（1面）
「百田氏発言」インタビュー② 宮城公子さん（14面）

↓101頁

「報道圧力」発言をめぐる経過

2015年	6月25日	作家の百田尚樹氏が、自民党本部での勉強会「文化芸術懇話会」で、「沖縄の二つの新聞はつぶさないといけない」などと発言。自民党議員らは「マスコミをこらしめるには広告料収入をなくせばいい」などと指摘
	26日	百田氏が本紙の取材で、「沖縄２紙をつぶさないと」との発言について「オフレコに近い発言で冗談として言った」と釈明 沖縄タイムスと琉球新報が共同抗議声明を発表。「表現・報道の自由を否定する暴論」と批判
	27日	自民党が、勉強会代表の木原稔青年局長を更迭し１年の役職停止処分に。井上貴博、長尾敬、大西英男各衆院議員を厳重注意とした
	28日	百田氏が大阪府内で講演し「沖縄２紙をつぶさないといけない」との発言に触れ、「その時は冗談口調だったが、今は本気でつぶれたらいいと思う」と話す
	29日	安倍晋三首相が「報道圧力」発言に関し「沖縄の人の気持ちに反する発言もあり遺憾だ」と発言 宜野湾市議会が百田氏の発言の撤回と謝罪を求める抗議決議を全会一致で可決

［視点］

言葉の端々 蔑視・差別

作家の百田尚樹氏（59）の米軍普天間飛行場の成り立ちなどの誤認識、沖縄2紙に対する発言の真意を確認するため本人に電話取材した。約40分間、過剰なまでの中国脅威論を熱く語った上で、無知と無理解に基づく普天間飛行場の存在、辺野古の新基地建設、そして沖縄戦に対する持論をまくし立てた。受話器越しの早口の言葉は、まさに、沖縄に対するヘイトスピーチそのものだと感じた。

言葉の端々に感じる沖縄への差別と蔑視。記者である前に、この地で生まれ育った一人として怒りを抑えながら持つペンは震えた。

安倍晋三首相に近い自民党若手国会議員の会合で話したという百田氏の発言内容を一つ一つ確認すると、「飲み会の場とまでは言わないが、内輪の中での雑談のようなものだ」と笑いながら言った。決して冗談ではなく、報道陣を排した仲間うちの会合だからこそ出てきた本音だろう。

問題の本質は百田氏個人ではなく、政治の中枢で偉そうに国防を語りながら、沖縄について薄っぺらい認識しか持てない国会議員、自分の都合のいいように沖縄を利用している人たちの存在だ。

安倍首相をはじめ歴代の政権が口にしてきた「沖縄に寄り添う」。その言葉の裏に根を張る「沖縄の犠牲の上に、日本が成り立つ」との本音。それが、どのくらい日本全体に増殖しているのだろうかと思い、悔しくも悲しくもなった。

6月27日に沖縄タイムスのHPに掲載した百田氏への一問一答の記事には、1日午後8時現在で、読者からのツイートが約2100件を超えた。書き込み内容は、百田氏への批判が並ぶ中、「日本人を代表した正論だ」などと賛同する書き込みもある。

一方、百田氏は「沖縄2紙をつぶさないといけない」とも語っている。これまでにも首相や大臣経験者が同様の発言をしており、この部分についてはさほど驚きはない。逆に、権力のチェック、反権力の報道姿勢を評価されていると受け止め、沖縄の記者として誇りに思うくらいだ。

ネットなどには沖縄タイムスに対して「偏向報道」という書き込みもある。権力側の思いを代弁し、権力側にすり寄る記事こそ偏向報道だと言いたい。そんなメディアに絶対に落ちぶれないと、あらためて思いを強くした。

（社会部・吉川毅）

（7月2日付29面）

7月2日　県議会、抗議決議可決／2紙編集局長が共同会見

県議会　謝罪求め決議　賛成多数

県議会（喜納昌春議長）は2日の本会議で、普天間飛行場の成り立ちに関する事実誤認や県内2紙への批判と圧力が指摘される作家の百田尚樹氏と自民党若手国会議員の発言に抗議する与党提案の決議を、賛成多数（賛成31、反対13、離席2）で可決した。宛先は自民党の安倍晋三総裁（首相）で、発言撤回と県民への謝罪を求めている。

反対は野党の自民で、離席は体調不良の玉城義和氏（県民ネット）と、別の公式日程があった呉屋宏氏（無所属）。

自民は独自の決議案を上程した。宛先を衆参両院議

報道圧力と県民侮辱が指摘される発言に抗議する決議を賛成多数で可決した県議会6月定例会＝2日、県議会

長と問題発言があった会合の代表とし①不穏当発言への反省②すべての国会議員が発言に留意すること—を求めたが、否決された。

可決した抗議決議は「普天間は土地を強奪して造られた。（商売のため周りに住み出したなど）事実無根の話の喧伝は、県民を愚弄している」など厳しく批判している。

採決に先立つ討論では、与党の仲村未央氏（社民・護憲）が「自民国会議員が政権に批判的なマスコミの広告収入をなくすなどと発言したのは看過できない」と強調した。反対した自民からは照屋守之氏が「百田氏の発言は大問題であり許されないが、公の議会が抗議することは個人の表現、言論の自由の制限にならないか危惧する」と指摘した。

（7月3日付1面）

［ニュース断面］県議会　埋まらぬ溝

報道圧力などが指摘される作家の百田尚樹氏と自民党若手国会議員の発言に対し、県議会（喜納昌春議長）が抗議決議で地元沖縄の言論の府としての意志を示した。与党・中立、野党で抗議の宛先をめぐる認識の溝は最後まで埋まらなかったが、賛成多数で政権与党・自民党の安倍晋三総裁の責任を追及。反対した自民は「個人への抗議は表現の自由を制限する」「総裁の責任が及ばない会合での発言」との論を展開したが、党総裁への抗議を避けたい本音もにじみ、与党からは「県民の立場に立っていない」と批判が相次いだ。

抗議決議をめぐっては与党5会派が6月29日以降、自民と中立の公明県民無所属、維新、無所属議員に水面下で全会一致の協力を求めていた。

自民は決議案の宛先が安倍氏のため難色を示し続け、採決に臨む態度を明確にしてこなかった。

与党が本会議提案に踏み切った前日の1日、自民幹部は県議会会派室で深夜まで対応を議論し、提案当日になって、対案となる別の決議を提案した。

「百田氏と自民若手国会議員の発言は許されないが、総裁に抗議するわけにはいかない」（自民幹部）との方針から、対案は若手議員に反省を、全国会議員に発言に責任を持つよう留意を求める内容に。宛先は衆参去る6月25日、自民党本部において、若手議員らが設立した文化芸術懇話会による勉強会が開かれた。出席した議員から「マスコミを懲らしめるには広告料収入がなくなることが一番。日本経済団体連合会に働き掛けてほしい」など、言論弾圧をあおるような暴言が相次いでいたことが明らかとなった。講師として招かれた作家の百田尚樹氏は「本当に沖縄の二つの新聞はつぶさないといけない」と発言している。また、百田氏は米軍普天間飛行場の成り立ちについても、「もともと田んぼの中にあり、周りに何もなかった。基地の周りにいけば商売になると、みんな何十年もかかって基地の周りに住みだした」と暴言を繰り返している。

言論、表現、報道の自由は民主主義の根幹をなすものであり、マスメディアが権力を監視、検証して批判することは当然の責務である。百田氏の発言は、政府の意に沿わない言論機関は存在そのものを許さないという態度であり、沖縄だけでなく日本全国の報道機関への圧力とも言える。これに呼応した自民党議員らの「沖縄の特殊なメディア構造をつくってしまったのは戦後保守の堕落だ」「左翼勢力に乗っ取られている」などの発言は、報道機関だけでなく、読者である沖縄県民をも侮辱するものなので到底、看過できない。

現在の米軍普天間飛行場は、戦前には多くの集落が存在し、役場や郵便局、小学校などの公共施設があり、県民が平和に暮らす場所であった。70年前の地上戦によって米軍が住民を収容所で囲い込んでいる間に、強奪した上に造った基地である。百田氏の発言は、先祖伝来の土地を強制的に接収された地主の苦悩を顧みず、歴史的事実を意図的にゆがめて県民を愚弄(ぐろう)するものであり、断じて許すわけにはいかない。

加えて、百田氏は「あってはいけないことだが、沖縄のどこかの島でも中国に取られれば目を覚ますはずだ」とも述べている。国境離島である島しょ県沖縄の県民の生命や暮らしをあまりにも軽視した侮蔑的な発言である。

よって、沖縄県議会は、自民党内勉強会での報道機関への言論圧力および沖縄県民侮辱発言に抗議し、発言の撤回と県民への謝罪を求めるものである。

以上の通り決議する。

2015年7月2日

沖縄県議会

自由民主党総裁宛て

県議会抗議決議　全文

両院議長と問題発言があった勉強会代表という〝苦肉の策〟に出た。

本会議での質疑では県連幹事長を務める具志孝助氏は「議会人として言論封殺の発言には厳しく対応したい。だが、県連としては一緒に総裁に抗議しましょう、というわけにはいかない」と本音を吐露した。

採決では安倍氏宛ての与党提案の抗議決議が賛成多数で反対は自民のみ。逆に、自民の対案は他会派が賛成せず孤立する結果に。

国政連立与党でもある公明の県議は「自民党の問題なのになぜ衆参両院議長なのか。理解に苦しむ」と自民案に反対した理由を説明した。

与党幹部は安倍氏が問題発言をめぐり、公明党の山口那津男代表に安保法制の審議に影響を与えたとして謝罪したことを踏まえ「安倍氏も責任を認めた。沖縄の自民は党の体裁ばかりを気にして県民目線に立っていない」と切り捨てた。

（7月3日付3面）

■関連・配信記事（7月3日付）

［報道と権力—自民ＯＢの視点］① 嘉数知賢氏（2面）

↓108頁

2紙編集局長 都内で共同会見

作家の百田尚樹氏を招いた自民党の勉強会で沖縄2紙を含む報道機関への圧力を求める発言が出た問題で、沖縄タイムスの武富和彦編集局長と琉球新報の潮平芳和編集局長が2日、都内の日本外国特派員協会と日本記者クラブで会見し、一連の発言は「表現と報道の自由を否定する無責任な暴論であり、断じて許せない」と批判した。

武富氏は県内で発生する米軍による事件・事故に触れ「沖縄は戦後70年間、苦しみを背負わされてきた。県民をばかにした発言だ」と非難した。

昨年の知事選や各種世論調査で新基地建設反対の民意が示されているとし「世論がゆがんでいるとの発言は、自分たちの意に沿わないものは許さないという傲(ごう)

慢（まん）な考え。民主主義を否定する安倍晋三政権の姿勢が表れたのが、今回の自民議員の発言だ」と指摘した。

潮平氏は、報道では「国民に信頼される持続可能な日米関係を築くべきだ」と主張していると強調。「なぜこの主張が世論をゆがめることになるのか。『偏向』と言われるのは心外だ」と批判した。また、安倍首相が1日、公明党の山口那津男代表に陳謝したことを挙げ、「タイミングと場所を間違っている。なぜ国会で謝罪しないのか。問題発覚後すぐに国民へ謝罪すべきだ」と訴えた。

沖縄の世論が左翼勢力に乗っ取られているとの発言に関し、両氏は戦後の新聞の成り立ちに言及。武富氏は「戦争のために二度とペンを取らないとの決意が出発点で、今後も姿勢は変わらない。社の論説は世論に突き動かされたものであり、県民の思いを反映したものだ」と反論。

潮平氏は「戦争につながる報道は二度としないとの考えがベースだ。世論をもてあそぶ新聞ならとっくに支持を失っている。地域の支持なくして新聞は成り立たない」と強調した。

（7月3日付1面）

民衆本位　不屈貫く

自民党若手議員や作家の百田尚樹氏が名指しで「圧力」の必要性を訴えた沖縄タイムスの武富和彦、琉球新報の潮平芳和両編集局長が2日、都内で共同会見を開いた。問題発覚後に発表した共同声明に続く異例の対応。両氏は一連の発言を「暴論」「弾圧」と強く糾弾、社の論説は「県民の意志を反映したものだ」と強調し、圧力に屈しない姿勢を見せた。

（7月3日付2面）

「世論操作」　大きな誤解
沖縄タイムス　武富和彦編集局長

沖縄の2紙を「つぶさないといけない」とした百田氏の発言には憤りを感じる。「言論弾圧」の発想そのものであり、民主主義の根幹である表現、報道の自由を否定する暴論だ。一番の問題はこの発言を引き出した自民党国会議員で、政権の意に沿わない報道は許さないという、傲慢（ごうまん）な考えがにじみ出ている。

沖縄の新聞は世論を操作できるなどという認識は大いなる誤解だ。戦後、沖縄本島には10以上の新聞ができた。中には親米的新聞もあったが、民衆の支持を得られず廃刊となり、今日まで残ったのが2紙だ。米軍の圧政下でも常に民衆の立場に立ち報道してきたことで、支持を得た。民衆の支持がないと存続できないし、報道は世論に突き動かされている側面が大きい。為政者にとって都合の悪い報道だとしても民意の反映として受け止めるべきだ。

広告を通して報道に圧力をかけるとの発言もあり、日ごろは主義主張が異なるメディアも言論封殺は許さないと、共通認識で報道している。今回、戦争へとつながりかねない空気が、国民に触れる形で表面化した意味は大きい。名指しされたのは沖縄の新聞だが、全国共通の問題が横たわっていることが認識できたと思う。

（7月3日付2面）

言論弾圧の発想　許さぬ
琉球新報　潮平芳和編集局長

安倍晋三首相は、自民党議員の一連の報道圧力発言問題で、公明党の山口代表に陳謝した。半歩前進だとは思うが、順序が違う。なぜ、問題発覚後すぐに国権の最高機関である国会で陳謝しなかったのか、国民の目に見える形で陳謝しなかったのかが疑問だ。

一連の発言は事実に基づかない無責任な暴論であり、断じて許せない。政権の意に沿わないメディアは「兵糧攻め」にして経営難に追い込み、そのメディアの表現、報道の自由を取り上げるという「言論弾圧」の発想に他ならず極めて危険だ。「マスコミを懲らしめる」との発想は、憲法99条の憲法尊重・擁護義務に反し憲法違反と考える。

沖縄2紙が沖縄の世論をゆがめているという趣旨の発言をしたようだが、沖縄の新聞がもし世論をもてあそぶような思い上がった新聞だったなら、とっくに県民の支持を失い、地域社会から退場勧告を受けていただろう。住民、読者の支持なくして新聞は成り立たな

自民党議員や百田氏の発言を批判する沖縄タイムスの武富和彦編集局長（左）と琉球新報の潮平芳和編集局長＝２日、東京・内幸町の日本記者クラブ

い。

今回の問題をこの国の「民主主義の終わりの始まり」にするのではなく、未完の民主主義をやり直す、立憲主義を再生・強化する出発点とするよう、政権、与野党各党に強く求めたい。

（7月3日付2面）

全国共通の問題　意識の共有訴え

「県民をばかにした発言に憤りを感じる」「偏向呼ばわりされるのは極めて心外」―。日本外国特派員協会と日本記者クラブで2日開かれた、沖縄タイムスの武富和彦編集局長と琉球新報の潮平芳和編集局長の共同会見。多くの記者が詰め掛けた会場で、自民党の若手国会議員らや作家の百田尚樹氏による問題発言に強く抗議し、反論した。

2氏は、沖縄戦と戦後の米軍支配を経験した沖縄の新聞としての立ち位置を説明しながら、意にそぐわない報道や論評を封殺するような現政権の姿勢に警鐘を鳴らした。海外の記者には、沖縄問題を通して、日本の民主主義のあり方を見極めてほしいと求めた。

日本記者クラブには新聞、テレビ23社から160人以上の記者らが集まり、通常の会見時の人数を大きく上回った。

武富局長は、報道機関に圧力をかけるような発言に「名指しされたのは沖縄の新聞だが、全国共通の問題が横たわっている」と問題意識の共有を呼び掛けた。

潮平局長も「今回の問題をこの国の〝民主主義の終わりの始まり〟にするのではなく、未完の民主主義をやり直す、立憲主義を再生、強化する出発点としたい」と強調。フロアからは「本土メディアにはどんな視点が足りないか」「論調が似ている2紙の圧倒的なメディア状況が百田発言を引き出しているのでは」などの率直な質問も。

県外メディアとの違いについて武富局長は、2004年の沖縄国際大学ヘリ墜落事故の記事扱いの〝差〟を例に「地方目線、地方の立場で考える想像力が希薄になっていないか」と問い掛けた。潮平局長は翁長雄志知事の訪米について「成果なし」とした県外紙の報道を疑問視。「県民は楽観も悲観もしない。諦める県民ではない」と沖縄の立場を強調した。

（7月3日付29面）

両編集局長　一問一答

【日本外国特派員協会】

―責任与党のトップに謝罪を求めるか。日本メディアは政府と近過ぎるか。

潮平局長「謝罪すべきだと思う。自民党議員が問題発言をしたら、本人から話を聞きいさめるのが責任者の仕事だ。在京メディアは真正面から政権批判をすることが少なくなった。全国の地方紙、ブロック紙のスタンスは、集団的自衛権、TPP、原発政策も大半が批判的だ。東京のメディアの常識が日本メディアの常識じゃない」

―広告収入で心配していることはあるか。反撃を考えているか。

武富局長「県内企業からは、自民党議員が言うような、広告料で圧力かけるようなことはない。比較的大きな会社の社長から頑張れと、つぶされるんじゃない、負けるなと激励を受けた。会社にある反応の7～8割は激励である。売国奴など批判もあるが、それは今回の問題がある以前からあり、急に増えたということでもない。激励が増えた。現時点で、（批判する人の）思惑とは反対の方向に動いている状況だ」

―政府が各メディアに中立報道を求めている。

潮平局長「沖縄の自民党の地方組織の幹部が、辺野古問題で、（賛否を）半々で載せろという。謙虚に受け止めたい。世論の8割が反対している。選挙でも辺野古反対の候補者が全て勝っている。社会を映す観点でいうと、反対の意見が多くなるのは仕方がないが、賛成も無視してはいけないと考える」

【日本記者クラブ】

―2紙が圧倒的なメディア状況をつくっていることが百田氏のような発言を引き出してしまうのでは。異論反論に目を配る必要はないか。

武富局長「戦後10以上の新聞があり、淘汰（とうた）されて残ったのが2紙。県民に支持されてきたということだ。違うトーンの新聞が出てくるのを、両紙が排除している訳でもない。論調が似ているのはたまたまだ。基地を容認しろというようにはとてもなれない。新聞だけが暴走している状況になれば読者の支持は離れるだろう。異論も極力載せるようにしている。排除ということはしていない」

―中央のメディアにはどんな視点が足りないか。

潮平局長「翁長知事が訪米したが、ほとんどの在京メディアは成果が乏しかったと報道した。知事は1回の訪米要請で劇的に状況が改善するとは思っていないし、県民もすぐに物事が動くとは考えていない。期待はあるが、そんなに楽観していなければ悲観もしていない。成果はなかったと報道しても、あきらめる県民ではない」

武富局長「２００４年8月、沖縄国際大に米軍ヘリが落ちた。トップニュースだろうと思ったが、トップは巨人軍オーナーの辞任で、墜落事故は4番目か5番目。東京で起きれば大事件だけど、遠く離れた島で起きた事件だし、基地の島沖縄ならあるよねとの感覚で扱っていたのではないか。中央メディアは一生懸命やっていると思うが、地方目線、地方の立場で考える想像力が希薄になっていないか問い掛けたい。日本の南でも北でも地域で生活する人がいる。そこの目線に立って物事を考え、紙面、番組づくりを考えていただければ」

（7月3日付2面）

［解説］全国の報道機関　危機感

百田尚樹氏を招いた自民党の若手勉強会から1週間。沖縄タイムス、琉球新報の編集局長が異例の共同会見に臨んだ背景には、権力による言論弾圧への強い危機感を全国の報道機関が共有したことがある。

今回の一連の発言は言論と報道の自由を封殺するもので断じて看過できない。だが、一つの光も見えた。

会見を主催した日本記者クラブは「沖縄2紙の紙面作りの思いを理解したい」、日本外国特派員協会は「同業者として言論弾圧への強い危機感を持っている」と開催の理由を説明した。

ごく一部の報道機関を除き今回の国会議員、百田氏の発言に「言論封殺は許さない」と声を上げた。「一強」構造の中で民主主義を否定するかのような安倍晋三政権の姿勢に対し、言論機関が危機感を共有して行動に移した意義は大きい。

武富和彦、潮平芳和両局長は、「2紙が世論をゆがませている」との国会議員の発言に対し、70年前、新聞が住民を戦争へと駆り立てたことへの「反省」を述べた。だがそれは、沖縄だけでなく大本営発表を発し続けた結果、310万人もの命を落とすことに加担したいずれの新聞にとっても同じ出発であるはずだ。

安倍首相に近い議員の発言は、いみじくも「自由」と「民主」を許容しない政権の本質をあぶり出した。報道機関には、戦争のきな臭さが漂いつつある今こそ、70年前に手に入れた言論と報道の自由を守り抜き、権力を厳しくチェックする姿勢が求められる。

（7月3日付2面）

揺らぐ　民主主義　海外記者、深い憂慮

沖縄県民や沖縄の新聞をおとしめようとする自民党国会議員らによる問題発言に対し、沖縄タイムスと琉球新報の編集局長が都内で開いた共同会見で、取材した海外・県外の記者らは「辺野古の新基地建設反対運動に対する安倍政権の不満の証拠」「日本全体の表現・報道の自由の問題だ」などと指摘した。

中東と日本にニュースを配信するパノリエントニュースのカルドン・アズハリ代表は、一連の問題発言について「安倍晋三首相は正式に謝罪すべきだ」と首相の対応を批判。在沖米軍基地の存在についても「沖縄の米軍が中東へ来て私たちの国を壊している。多くのアラビアンはなぜ日本は米国に基地を提供しているのかと思っている。だが、日本政府にはその声が聞こえていない」と訴えた。

日本の政治ニュースを中心に英字で国内外に発信している新月通信社のマイケル・ペン社長（米国出身）は沖縄に対する問題発言に「辺野古の反対運動に対する安倍政権のフラストレーションが高まっている証拠だ」とみる。沖縄での取材の経験もあり、「県民がこの戦いの最前線にいる状況だが、これは日本全体の表現の自由や報道の自由の問題だ。政治家にこうした認識がないのはおかしすぎる。国民の声なき声をあまり伝えない在京のメディアも問題だと思う」と強調した。

同日、日本外国特派員協会のジェームズ・シムズ会長は一連の発言に対して「報道の自由を脅かす発言に深い憂慮を表明する」との会長声明を発表した。

西日本新聞の原田正隆東京編集長は「『普天間』の返還が決まって約20年になるが、沖縄と本土の距離感

百田氏らの発言による新聞経営への影響を聞く外国特派員＝2日、東京・千代田区の日本外国特派員協会

は広がり深刻になっている」と感じている。その上で「メディアによって『普天間』問題の考え方は異なる。この距離感があるから、こういう問題が起こるということを、メディアはかみしめるべきだ」と話した。

（7月3日付28面）

■関連・配信記事（7月3日付）

あす抗議集会　県議会与党など「弾圧許さず」（総合面）

「百田氏発言」インタビュー③　宮城晴美さん（14面）

↓103頁

政治が暴走　議員や市民団体が集会（28面）

自民党若手議員の勉強会で報道に圧力をかけようとする発言があった問題を受け、民主党や社民党など護憲派の議員でつくる「立憲フォーラム」と市民団体が2日、国会内で集会を開き「政治が暴走する異常な状況だ」と訴えた。

県保険医協会　自民・百田氏へ抗議声明（28面）

山陽放送労組OB会が抗議声明（28面）

［社説］報道圧力　首相の本心が聞きたい

自民党若手国会議員の勉強会で、県内2紙への批判を含む報道機関への圧力発言や、米軍普天間飛行場の成り立ちに関する事実誤認発言が出てから約1週間。事態は、一向に収まる気配がない。

党執行部は勉強会代表の木原稔青年局長を更迭するなど関係議員を一斉処分し、早期の幕引きを図った。しかし、厳重処分を受け、自身のホームページに「心より反省する」とのコメントを出した大西英男衆院議員が、再び報道への威圧発言に及んだ。

大西氏は、国会内で記者団に「（マスコミを）懲らしめようという気はある」と述べ、「誤った報道をするマスコミに対して広告は自粛すべきだと個人的に思う」と主張した。

「懲らしめる」とは、悪さをした人に制裁を加えて二度としないという気持ちにさせる意味だ。気にくわない報道機関に制裁を加えて言論を封じ込めようとする考えを、政権与党の国会議員が悪びれもせず言ってのける。その傲慢(ごうまん)さに怒り、あきれ、ぞっとする。

言論の自由は憲法で保障され、国会議員には憲法を尊重し擁護する義務があることも定められている。権力と報道機関との対立構図は古くからあるが、報道の本質は権力批判にある。その基本的理解が、自民党の一部議員に欠落している、と指摘せざるを得ない。

党執行部は再度、大西議員を厳重注意処分とした。だが、今後も「暴言」を止められないようであれば、自民党自体がその考えを是認しているとみられてもしょうがないのではないか。

■　■

一連の問題に対し、総裁である安倍晋三首相はどう考えているのか、いまひとつ分からない。

衆院の特別委員会では「事実なら大変遺憾だ」と述べるにとどまり、明確な謝罪はなかった。一方で、公明党の山口那津男代表には「迷惑を掛け、大変申し訳ない」と陳謝した。謝る相手が違うのではないか。

問題の発言があった勉強会は、安倍首相に近い若手議員の集まりである。講師を務めた作家の百田尚樹氏も、総裁選で安倍首相を支援するなど首相と気脈の通じた間柄だ。

同時期には、党内のリベラル系若手議員でつくる勉強会も会合を予定していたが、党幹部の自粛要請で中止になった。安全保障関連法案に批判的な講師を招く予定だったため、審議への影響に懸念が出たという。

党内ですら、首相に近い立場でなければ言論の自由が保障されない。危機的な状況である。

■　■

県議会は2日、勉強会での発言に対する抗議決議を、賛成多数で可決した。宛先は総裁・安倍首相である。

抗議決議は、百田氏発言とこれに呼応した自民党議員らの発言に対し、「報道機関だけでなく、読者である沖縄県民をも侮辱するもので到底、看過できない」と厳しく批判し県民への謝罪を求めた。

首相には決議を重く受け止めてもらいたい。同時に、一連の問題をどう考えているのか本心を聞きたい。

（7月3日付）

7月3日　首相が謝罪

安倍首相、沖縄に謝罪　「私に責任」

安倍晋三首相は3日の衆院平和安全法制特別委員会で、自民党若手国会議員らによる勉強会で出た報道機関への圧力発言や、沖縄県民をおとしめるような発言に対し、「大変残念で、沖縄の皆さまの気持ちを傷つけたとすれば、大変申し訳ないと思っている」と述べ、陳謝した。また「党本部で行われた勉強会であり、最終的には私に責任がある」とし、党総裁としての自らの責任を認めた。同問題で安倍首相が県民に対して謝罪するのは初めて。

安倍首相は、一連の問題発言について「報道の自由を軽視し、沖縄の負担軽減や振興に力を尽くしてきたこれまでの党の努力を無にするような発言だと認識している」と説明。「大変遺憾で非常識な発言。国民の信頼を損ねる発言であり看過することはできない」と述べ、若手議員らの発言を非難した。長妻昭氏、枝野幸男氏（いずれも民主）、柿沢未途氏（維新）らへの答弁。

また、米軍普天間飛行場の成り立ちについて、安倍首相は「戦前、役場や学校、郵便局、病院などが所在して集落が点在し、田畑が広がっていた」と説明。その上で「戦時中に米軍が上陸後に土地を接収し、飛行場が建設されたものと承知している」との認識を示した。同勉強会での作家の百田尚樹氏による「普天間飛行場は田んぼの中にあった」「基地の周りに行けば商売になると、基地の周りに住みだした」などの発言を首相自ら否定した。赤嶺政賢氏（共産）に答えた。

一連の問題発言に対しては、2日に県議会（喜納昌春議長）が自民党総裁の安倍首相宛てに発言撤回と県民への謝罪を求める抗議決議案を可決していた。

（7月4日付1面）

県議会反応　決議反対の自民は困惑

自民党若手国会議員や作家の百田尚樹氏の報道圧力などの発言問題を受け安倍晋三首相が国会で謝罪したことに、抗議決議を可決した県議会からは「形だけの謝罪だ」「遅きに失している」など批判が相次いだ。抗議決議採決の際、私的な勉強会での発言問題であり安倍氏に責任はないと決議に反対した自民は「どうなっているのか。県連の立場を考えてほしい」と困惑している。

与党連絡会座長の仲宗根悟氏（社民・護憲）は「連日の報道や国会での批判を受けてようやく謝罪したが、遅すぎる。数のおごりがあったのか」と指摘し、「安保法制を進めたいだけのうわべだけの対応だ」と批判した。

中立会派、公明県民無所属の金城勉氏も「あるまじき発言をした国会議員の党の責任者として謝罪するのは当然だ。できることなら批判されてからではなく、速やかに真摯（しんし）に対応してほしかった」と指摘した。

維新の當間盛夫氏は「謝罪したから終わりにはならない。圧倒的な議席を持つ中で右傾化し、自民ならなんでもできるという体質を見直すべきだ」と述べ、自民が問題の深刻さを受け止め国民に理解を得た上で政策を進めるべきだとした。

自民の県連幹事長を務める具志孝助氏は「県連があんなに苦労したのに、どういうことなのか」と県議会決議をめぐり党への抗議を控えたにもかかわらず、安倍氏が謝罪したことに困惑。「もっと県連に気遣いがあるべきだ」と意思疎通の必要性を強調し、週明けに県連三役で党本部を訪れる考えを示した。

（7月4日付3面）

県内識者ら「幕引き許さず」

作家の百田尚樹氏や若手国会議員による報道圧力、侮蔑発言の問題発生から8日がたち、ようやく謝罪した安倍晋三首相。関係者からは「謝って終わりではない」「問題の本質を追及し続ける」などの声が上がった。

大部分が普天間飛行場用地に接収された宜野湾市宜野湾の元住民らでつくる「字宜野湾郷友会」の宮城政一会長は、「最終的な責任は自分にあるといいながら、安倍首相はこんな表現しかできないのかな」とあきれ顔。公明党の山口那津男代表との謝罪の違いにも触れつつ「謝るならば、もう少し素直に謝ってほしい」と不満を述べた。

「謝罪で幕引きを図ろうとしているのだろうが、そうはいかない」。元琉球新報記者で小禄九条の会代表世話人の平良亀之助さん（78）は、報道圧力について「これまでにも自民党の首相や大臣が同様の主張をしてきた。その延長線上の問題であり、安倍首相の謝罪は上っ面だけだ」と批判。「政権の意に沿わない報道は許さないという動きは、追及し続けなければいけない」と訴えた。

「当然のことではあるが、首相が謝罪した点は評価したい」と話すのは、強姦（ごうかん）救援センター沖縄の高里鈴代代表。一方で「あのような差別発言がまかりとおる自民党の体質そのものを改めるべきだ。首相が謝ったからと言って、問題が終わりとはいかない」とくぎを刺した。

（7月4日付30面）

■関連・配信記事（7月4日付）

［報道と権力―自民ＯＢの視点］②安次富修氏（2面）

↓109頁

首相、迷走の末謝罪　圧力発言から8日後（3面）

安倍首相の主要答弁。「最終的には私に責任がある。大変遺憾で非常識な発言だ」「民主主義の根幹をなす報道の自由、言論の自由をしっかり守る党でなければならないとの認識を党全体で共有したい」「（沖縄への謝罪を求められ）発言は極めて不適切だった。国民に対し大変申し訳ない。沖縄県民の気持ちも傷つけたとすれば申し訳ない」

民主会合で沖縄2紙訴え（3面）

民主党が国会内で会合。出席した沖縄タイムス東京支社の宮城栄作報道部長は「名指しされたのは沖縄の新聞だが、全てのメディアに向けられた挑戦だ。言論弾圧には敏感に反論しないといけない」と訴えた。

高教組も抗議決議　世論の右傾化懸念も（30面）

首相の退陣要求「奈良—沖縄連帯委員会」声明（30面）

県内2紙会見扱い　濃淡

沖縄タイムス、琉球新報の県内2紙の編集局長が2日に都内の日本記者クラブなどで共同会見し「報道圧力」発言を批判したことを受け、3日付の全国・ブロック紙（東京版）は、両局長の見解を掲載した。

同発言をめぐっては国会審議でも野党の厳しい追及が続いているが、両局長の会見を1面で報じたのは東京新聞のみで、残りは社会面や政治面などでの扱いだった。

東京新聞は1面2番手の扱い。「勉強会発言　自民のおごり」との見出しで、会見内容を写真付きで掲載した。2面では両局長の見解詳報と、発言は「県民を愚弄」とする県議会の抗議決議も報じた。

朝日新聞は、第2社会面2番手で「誹謗・中傷看過できぬ」との見出し。毎日新聞は2面の2番手扱いで「表現の自由危うい」と報じた。一連の発言で「誤解が定着しかねない」、「言論を取り巻く現状の危機感を共有したい」など、両局長の発言を取り上げた。

読売新聞と日本経済新聞は政治面や第2社会面で1段見出しの扱いだった。

今回の在京紙の報道について、専修大学の山田健太教授（言論法）は「勉強会の一連の発言の問題は、権力とメディアの関係の問題だが、在京メディアは（国会審議中の）安保法制にどう影響するかと、政局の問題として捉えている」と分析した。

日本外国特派員協会での会見を引き合いに「特派員は報道の自由や日本のメディア状況について強い関心を示した。国内メディアは本質を追及していないように映る」と話した。

（7月4日付30面）

7月4日　言論・表現・報道の自由を守る県民集会

言論抑圧　戦争への道　県民集会開催

自民党若手国会議員と作家の百田尚樹氏による報道圧力や米軍普天間飛行場の成り立ちなどをめぐる事実誤認の発言を受け、県議会与党5会派などが主催する「言論の弾圧と沖縄歴史の歪曲（わいきょく）を許さない！言論・表現・報道の自由を守る沖縄県民集会」が4日、那覇市の県市町村自治会館で開かれた。450人（主催者発表）が安倍晋三自民党総裁（首相）らに発言の撤回と県民への謝罪を求める決議文を採択した。

琉球大学法科大学院の高良鉄美教授（憲法学）は表現、言論の自由の前提には国民の知る権利があるとした上で「そのためには報道機関が必要だが、国が発表したことだけを報じなさいとなれば戦前と同じことになる」とし、報道への圧力が戦争へとつながる可能性に警鐘を鳴らした。

百田氏が「つぶさないといけない」と批判した沖縄タイムスの石川達也編集局次長兼報道本部長、琉球新報の潮平芳和編集局長も登壇した。

石川氏は「県民の立場に立つメディアを偏向というのか。国民や県民の権利を守るため正面から向き合う。売られたけんかはしっかり買うが、暴力や罵詈（ばり）雑言ではなく事実をペンを持って表現する」と地元紙としての使命を強調した。

潮平氏は「報道圧力問題をこの国の『民主主義の終わりの始まり』ではなく、民主主義のねじを巻き直す『未完の民主主義の再生・強化の出発点』としてほしい」

と述べ、今回の問題の本質を捉えるよう訴えた。

弁護士の横田達氏、沖縄国際大学の照屋寛之教授（政治学）も登壇した。

決議文は一連の発言について「沖縄２紙だけの問題ではなく、政権の意に沿わない報道や放送、表現への弾圧につながり、報道・言論の自由を脅かし民主主義の根幹を揺るがす」と厳しく批判。

百田氏の普天間飛行場の成り立ちについての発言も

登壇した沖縄２紙の代表者に拍手でエールを送る参加者＝４日午後、那覇市の県市町村自治会館

「沖縄の歴史を歪曲し、県民を愚弄（ぐろう）するものだ」と糾弾した。

（7月5日付1面）

不条理　正す使命　危機共有　全国で

報道圧力や米軍普天間飛行場の成り立ちをめぐる事実誤認が指摘される自民党若手国会議員らの発言に、県内の学者や地元2紙、弁護士が抗議の声を上げた。4日に開かれた抗議集会で、登壇者は一連の発言は沖縄だけの問題ではないと指摘。言論、表現、報道の自由を権力が脅かせば、戦争への道へつながると警鐘を鳴らし、全国の報道機関や国民に危機感を持つよう訴えた。

（7月5日付3面）

民主主義の再生を

潮平芳和氏　琉球新報編集局長

政府が適正に権力を行使しているか、厳しく監視するものがいなければ、恐怖政治、独裁政治になることは歴史が証明している。

自民党議員の勉強会は、安保関連法案を「違憲」として批判的な報道機関への安倍政権のいらだちを示している。２紙が世論をゆがめているという議員の主張は県民を愚民視し、差別的態度で許せない。安倍政権は、民主主義陣営にとどまり、全体主義の道に国民を導く愚を犯さないでほしい。

戦前の沖縄の新聞は国家権力の戦争遂行に協力し、県民を悲惨な末路に追い込んだ。戦後は反省の上に立って、同じ過ちを繰り返さない。「持続可能な平和と環境のためにペンを」ということを言いたい。平和とみずみずしい環境を次の世代に引き継ぐチャンスを奪ってはならない。それが究極の目標だ。

世論調査で国民の多数が反対し、憲法学者の大半が「違憲」と指摘している安保関連法案に反対する。海外派兵を可能にする法案は廃案になるべきだ。

今回の問題を、この国の「民主主義の終わりの始まり」ではなく、民主主義のねじを巻き直す「未完の民主主義の再生・強化の出発点」にしてほしい。

根気強い報道必要
石川達也氏　沖縄タイムス編集局次長

調べればすぐに分かるはずの歴史を顧みない作家の発言に、国会議員が同調する。軽薄化が急速に進んでいるのではないか。

普天間飛行場の「周りに何もなかった」という百田氏の主張は、騒音のある普天間に近づいた住民が悪いとの指摘だと受け止める。だが普天間は人の営みがあった土地だ。

今の沖縄で米軍機の騒音や事故の危険性にさらされない地域がどれほどあるのか。県民はいつまでこうした環境の中で暮らしていかなければならないのか。その不条理を少しでもただしていくのが報道に携わる者の使命だ。

沖縄タイムスは、安保法案や辺野古への新基地建設に対し、道理が通らず県民や読者に負担を強いて危険にさらすことになるから反対している。政府がやること全てに反対しているわけではない。是は是、非は非だ。どこの政党が政権を取っても変わることはない。

報道への圧力に対し、言論の自由を守るという意味で県外紙も共通の認識を持ったことを心強く感じている。2紙だけの問題ではなく全国のメディアに向けられた刃であり、根気強く報道していく姿勢が必要だ。

（7月5日付2面）

いじめの構図許すな

横田達氏　弁護士

今の日本は、政府がマスコミに圧力をかけ、一方で、秘密保護法をつくり政府からの情報を国民に出ないようにしてしまっている。報道は規制して、政府の情報は外に出さない。

世の中にいじめというのがある。この構造は加害者と被害者の他に、観衆と傍観者がいると分析されている。観衆は加害者を無責任にあおり立てる存在。傍観者は非常に重要な役割がある。黙って黙認してしまうといじめを助長することになるが加害者に批判的な態度をとることで、いじめを止めることがありうると言われている。

まさにマスコミはそういう立場ではないか。止めるには声を上げなければいけない。マスコミは権力の監視者として、いじめられるのを恐れて黙認してしまうのではなく、きっちり声を上げて権力の不当な行使を抑止する役割を果たしてほしい。

日本の危うさ感じる

照屋寛之氏　沖縄国際大学教授

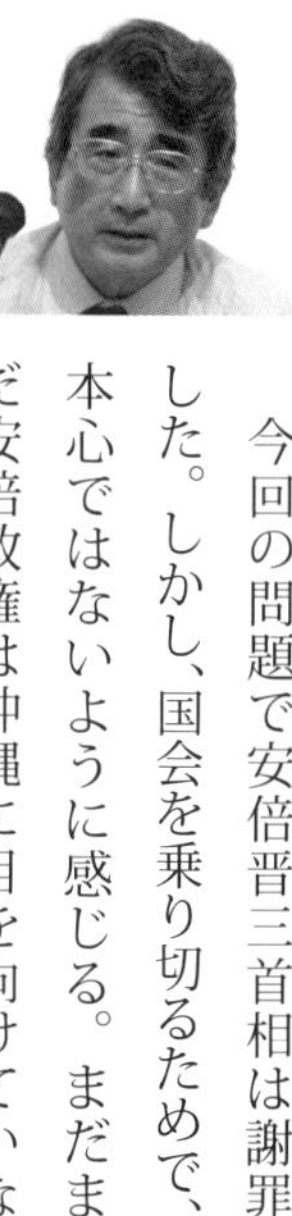

今回の問題で安倍晋三首相は謝罪した。しかし、国会を乗り切るためで、本心ではないように感じる。まだまだ安倍政権は沖縄に目を向けていない。目を向けているのは安保法制だ。

「沖縄の新聞は偏っている」と言うのは、自分の考えに合わないだけだ。在日米軍専用施設の74％が沖縄にあり、事件事故が起きたら新聞は書かないといけない。徹底的に追及し、書くことが社会的使命だ。政治の暴走を止めるのはマスコミだ。百田尚樹氏、自民議員の発言は言論批判の暴言だ。2紙をつぶすなどという発言に日本の危うさがある。あおっている人がいることも認識しないといけない。

言論、表現の自由をそぐ発言は許されない。言論の府である国会では一部で軽薄化が生じている。民主主義の成熟が試されている。束縛するなら政府とは断固闘う必要がある。

発言の裏に安保法案

高良鉄美氏　琉球大法科大学院教授

今回の問題は言論、出版、集会の自由を抑えにかかっていることだ。思っていることは発言しないと伝わらない。民主主義で言論、表現の自由は大事だ。意見や要望を言うことで政治に参加するが、戦前はごく限られた人だけだった。現在は国民主権者として、政治参加は表現行為を通してやる。

表現の自由は知る権利が前提だ。それに奉仕するのが報道機関だ。だが、「報道が事実だけ伝えればいい」ということは、国の発表だけを伝えるということになり、戦前と同じだ。国会で審議されている安保関連法案は、いわゆる戦争法。戦争をする時には新聞、ラジオなどから統制に入る。それが本当にあるということ。今回の問題は日本の将来を大きく変える。私たちは、戦争法との関係を強く意識して、県民の名誉にかけて今回の問題を絶対に許さない。

（7月5日付3面）

県民集会　発言撤回求め決議

自民党若手議員と作家の百田尚樹氏らによる報道圧力などの発言に対し、「言論弾圧を許すな」「歴史の歪曲（わいきょく）を許すな」と声をあげた4日の県民集会（主催・県議会与党5会派など）。会場を埋め尽くした約450人の参加者が、一連の発言撤回と謝罪を求める抗議決議で「政権の圧力には屈しない」と決意を示した。

午後6時から始まった集会は予定の終了時間を30以上もオーバーするほど、登壇者の発言も熱を帯びた。

県民集会決議文（全文）

6月25日の自民党の憲法改正を推進する議員勉強会「文化芸術懇話会」で、国会議員から「マスコミを懲らしめるには広告収入をなくせばいい。文化人が経団連に働きかけてほしい」などと報道機関に圧力をかける趣旨の発言が出た。出席した自民党国会議員の中から沖縄の地元紙の存在に言及し、2紙のために「沖縄世論のゆがみ方がある。左翼勢力に乗っ取られている」と述べた。

そのような意見などに答える形で、ことし2月までNHKの経営委員を務めた作家の百田尚樹氏が「沖縄の2紙はつぶさないといけない」「島が中国に取られれば目を覚ます」と発言した。自民党は関係した議員らを一斉に処分したが、その後も議員から報道機関を威圧するような発言が続いている。

憲法第21条は、言論や表現の自由を保障している。

一連の発言は、国会での安全保障関連法案の審議に対する政権与党のいら立ちにほかならない。報道の在り方をめぐって自民党はこれまでにも、昨年の衆院選直前に在京民放キー局に対し「公平な報道を求める」とする異例の文書を送り、またことし4月には民放の個別番組について「公平中立」を求める文書を出し、政権与党による報道への介入だとして批判された。

今回の発言は沖縄の2紙だけの問題ではなく、政権の意に沿わない報道や放送、表現への弾圧につながるものであり、報道・言論の自由を脅かし、民主主義の根幹をも揺るがすものだ。さらに沖縄の世論が県内2紙の報道でコントロールされているとする認識も県民を愚弄(ぐろう)する精神が底流にあるといわざるを得ない。百田氏はまた勉強会の中で、世界一危険な米軍普天間基地の成り立ちについても「もともと田んぼの中にあり、周りは何もなかった。基地の周りに行けば商売になると、みんな何十年もかかって基地の周りに住みだした」と事実誤認の見解も披露した。

普天間基地は、もともと集落や役場があったところを米軍が占領し、住民を収容所へ排除した上で建設したものだ。発言を受けて宜野湾市議会は抗議決議を全会一致で可決した。「中国に取られれば目を覚ます」の発言とも合わせて、沖縄戦から現在につながる沖縄の歴史を歪曲(わいきょく)し、県民を愚弄するものであり、到底許されるものではない。

われわれは今回の自民党国会議員や百田氏の一連の発言に抗議するとともにその撤回と謝罪を求める。同時に自民党最高責任者である安倍晋三総裁に県民と国民への謝罪を強く求める。

以上、決議する。

2015年7月4日

言論の弾圧と沖縄歴史のわい曲を許さない！　言論・表現・報道の自由を守る沖縄県民集会

登壇者の報告に聞き入る参加者＝４日午後、那覇市の県市町村自治会館

沖縄2紙への報道圧力に対し、沖縄タイムスの石川達也編集局次長兼報道本部長は「沖縄の不条理を正していくのがわれわれの姿勢だ」。琉球新報の潮平芳和編集局長は「差別的な態度に腹の底から憤りを覚える」などと訴えた。

　自民党総裁でもある安倍晋三首相に対し「県民の怒りを伝えたい」と参加した読谷村の山内晴代さん（64）は「首相は『沖縄の皆さまの気持ちを〝傷つけたとすれば〟』として謝罪したが、これは謝罪ではない。（百田氏らの発言は）沖縄の新聞を読んでいる私たちも否定されている思いだ」と憤った。

　仕事帰りに参加した会社員の大城優さん（60）＝読谷村＝は「安倍政権に反対という訳ではないが、今回の問題は別。言論の自由が大事だ」。那覇市の宜野座嗣伸さん（77）は「百田氏や国会議員は、憲法の理念を少しも分かっていない。もう一度、小学校からやり直した方がいい」と厳しく批判した。

　奈良県から参加した作業療法士の佐々木梢さん（29）は同日、名護市辺野古のキャンプ・シュワブのゲート前で新基地建設に反対する抗議行動に参加、その足で集会に訪れた。「奈良でも沖縄のニュースが流れている。沖縄のことをもっと知りたい」と語った。

　沖縄タイムスへの投稿を続けている元教員の大城一成さん（75）＝浦添市＝は、集会の決議が採択された後、「言論弾圧に対して、怒りが収まらない」と、思わず会場で発言の機会を求めた。時間の都合で認めれなかったが、集会終了後の取材に「私が言いたかったのは、自民党議員や百田氏に発言の撤回や謝罪を求めても意味がないということ。もっと強い怒り、県民の思いを決議に入れてほしかった」と話した。

（7月5日付27面）

■関連・配信記事（7月5日付）

「「報道圧力」発言　時代を読む」①　保阪正康氏（1面）

↓122頁

勉強会発言　菅氏、知事に謝罪（1面）

翁長雄志知事は4日夜、菅義偉官房長官と会談。翁長氏によると、菅氏から「大変ご迷惑をかけた。申し訳なかった」との謝罪があったという。この件に関し、翁長氏は「沖縄側からすると、残念な発言だった。長官から先に（謝罪を）おっしゃって頂いたことはよかった」と話した。

政治家の幼児化進む　首相筆頭に過剰反応（2面）

［木村草太の憲法の新手］⑪報道圧力発言（1面）↓114頁

沖縄の新聞　県民の声反映　本紙記者ら都内講演（26面）

平和・協同ジャーナリスト基金賞受賞者らによる講演会が4日開かれ、沖縄タイムスを代表して北部支社報道部長の阿部岳記者らが講演。「沖縄の新聞は県民の声でできている。沖縄では戦後、県民と新聞で自由を勝ち取ってきた歴史がある」と強調した。

イチから分かる！ニュース深掘り

「報道圧力」って何？
「報道の自由」を否定

―自民党の国会議員や有名な作家さんの発言を、マスコミは「報道圧力」って批判してるね。何が問題なの？

「自民党議員の発言は、『マスコミを懲らしめるには広告収入がなくなればいい』と圧力をちらつかせて『報道の自由』を否定したことが問題なんだ。百田尚樹さんの発言は、沖縄の米軍基地の成り立ちや軍用地主の収入などの話題で、事実でなく、さらに県民をさげすむような発言だったことが見過ごせないんだよ」

「まず報道の自由だけど、これを否定するのが、なぜ問題なのか説明するね。報道の自由が一番、奪われてしまうってどういうときだと思う？」

―マスコミが貧乏になったとき？

「そうじゃない。戦争のときなんだ。僕たち沖縄を含めた日本のマスコミは、第2次世界大戦のとき、軍や政府が報道を規制する動きに屈して『戦争を始めろ』とあおる報道をして、戦争中は『日本軍が勇ましく勝ってるぞ』と、時にはうそもついて応援したんだ。その結果、沖縄では20万人以上、全国で300万人以上の人たちが亡くなった。すべてのマスコミ人は戦争のときの報道姿勢を反省して『二度と戦争のためにペンを握らない』『報道の自由を何よりも大切にする』と誓って、戦後に再出発したんだ。だから、報道の自由を制限する発言には、日本を戦前のムードに戻さないためにも、マスコミは敏感に反応するんだよ」

―でも、百田さんは民間の人だよね。なのに、なんでそんなに批判するの？

「百田さんはベストセラーを連発する有名人で、ツイッターなどで自分の考えを広く伝えることもできる。多くの国民の考えに影響を与えられる立場にあるんだ。確かに百田さんが発言するのは自由だけど、沖縄に関して間違ったことを言い、その間違いをもとに県民をさげすむようなことを言うと、沖縄をよく知らない本土の人が間違いを信じ込んだり、県民が傷ついたりするよね。だから沖縄のマスコミが特に批判的に報道しているし『百田さん、ご自身が発信力、影響力のある立場だと自覚して、注意深く発言してくださいね』というメッセージも込めて、連日、取り上げているんだよ」

―「普天間は田んぼの中にあった」とか「地主はみんな大金持ち」という発言は誤りだというのは、6月27日付の沖縄タイムスでも説明していたけど、「米軍人より県民の方が女性への暴行が多い」という発言は本当なの？

「米軍に限らず軍隊のやるべきことは、その地域の平和や安定を守ることだよね？」

―そうだね。

「そのためには、地元に住んでいる人たちが平和で幸せに暮らしていく権利を守るモラル（倫理観）を、普通の人より高く持たないといけないんだ。だから、軍人さんたちは地元の住民を傷つける事件を1件も犯してはならない、というのが基本的な考え方なんだよ。『そんなの現実的じゃない』という人もいるかもしれないけど、軍隊は敵を攻撃する武器を持ってるし、格闘などで敵を倒す訓練も受けてる。こういう力は住民に向けちゃいけないし、軍人さんが住民を守る気持ちを忘れてしまったら、乱暴者の集まりになっちゃうんだよ。だから軍人さんの犯罪は新聞でも大きく取り上げるし、一般の人の犯罪と単純に比較するべきじゃない、という指摘が上がるんだ」（政経部・吉田央）

（7月5日付2面）

「報道圧力」発言の流れ

6月25日

百田尚樹氏
「もともと普天間基地は田んぼの中にあった。基地の周りに行けば商売になるということで、どんどん基地の周りに住みだした」

大西英男衆院議員（自民）
「マスコミを懲らしめるには、広告料収入がなくなるのが一番だ」

●**自民党が4人の衆院議員を処分**

27日

谷垣禎一幹事長
「報道の自由を軽視し、国民の信頼を大きく損なった」

28日

百田氏
「（沖縄2紙は）本気でつぶれたらいいいと思う」

29日

大西氏
「（マスコミを）懲らしめようという気はある」

→ **自民が再び処分**

7月3日

安倍晋三首相
「沖縄の皆さまの気持ちを傷つけたとすれば、大変申し訳ない」

と謝罪

7月5日〜　関連記事ほか

■7月6日付関連・配信記事

「「報道圧力」発言　時代を読む」②津田大介氏（1面）↓124頁

［報道と権力―自民OBの視点］③平良哲氏（2面）↓111頁

自民　際立つ言論圧力　野党「安倍政権の本質」（6面）

［社説］「沖縄・本土」の溝

事態の深刻さ直視せよ

自民党国会議員の勉強会で、参加した国会議員や講師が沖縄2紙を含む報道機関への圧力を公然と主張した問題で安倍晋三首相は3日、発言が不適切だったことを認め、衆院の特別委員会で陳謝した。菅義偉官房長官も4日夜、東京都内で翁長雄志知事と会談し、一連の発言についてわびた。

政権中枢の安倍、菅両氏が相次いで陳謝したにもかかわらず、県内では、一件落着との受け止め方は少ない。根の深い問題が露呈した―と、事態の深刻さを懸念する声が広がっているのである。

安全保障法制を審議する衆院の特別委員会。赤嶺政賢議員（共産）は「事実をゆがめて県民を侮辱したことが問題の中心」だと、安倍首相の考えをただした。このやりとりを聞いて思い起こしたのは、敗戦の年の70年前の1945年11月に召集された第89回帝国議会での質疑である。

沖縄出身の貴族院議員・伊江朝助氏は、生き残って沖縄から脱出した陸軍将校が「今回の沖縄戦線の失敗は琉球人の『スパイ』行為による」と誤った情報を流したため、九州の疎開地に沖縄県民スパイ説が広がり、「沖縄5万の疎開民が受け入れ地から脅迫された」と憤まんやるかたない思いで訴えた。敗戦がもたらした流言は、本土と沖縄に深い亀裂をもたらしたのだ。

あれから70年。自民党議員の勉強会での一連の発言は、本土と沖縄の間に今も深刻な亀裂が横たわっていることを浮き彫りにした。

■　■

東京外国語大学教授の山田文比古さんは、外務省から出向し、沖縄県サミット推進事務局長として97年から県庁に勤務した経験を持つ。

雑誌「世界」の2012年6月号に論文を発表した山田さんは「沖縄に対して、本土から向けられる視線は、かつてないほど冷淡である」と指摘した。

「被差別感情が広く県民に共有されるのは、差別の原因が単に過重基地負担の問題に止まらないからである」

「歴史の記憶が沖縄と本土とのギャップをいっそう根深いものとしている」

山田さんが危惧していた時よりも、事態はいっそう悪化していると見るべきだろう。

自民党勉強会での国会議員や講師の発言は、決して彼らだけの突出した発言ではない。インターネット上では、沖縄のメディアや世論を攻撃対象にしたヘイトスピーチ（憎悪表現）まがいの発言や、事実に反する情報が飛びかっている。

■　■

沖縄県民の政府不信や沖縄メディアの厳しい政府批判は、「差別的処遇」というしかない基地政策を沖縄に押しつけてきたからである。

沖縄の世論が「ゆがんでいる」という指摘は、沖縄の人々の戦中・戦後の歴史体験をふまえていない暴言である。

これまで安全保障のコストをより多く負担してきたのは誰なのか。そのことに思いが至らない鈍感さは、重症だ。

沖縄と本土の間にできた深い溝を安倍首相は、どう解消するつもりなのだろうか。

（7月6日付）

報道圧力問題で5参考人「事実誤認」

6日の安保法制に関する参考人会では、報道圧力問題も質疑もあった。5氏は自民若手議員や百田尚樹氏の発言を「事実誤認」の認識で一致。稲嶺進、大田昌秀、古謝景春、高嶺朝一の各氏は「許せない」と強く批判した。中山義隆氏は報道への疑問も呈した。

中山氏は「政治家の発言はそれぞれが責任を取り、謝罪なり主張を続けるなりすればいい」と強調。百田氏の発言では「事実誤認と思うが、個人の発言を新聞紙上で何度も批判するのは、言論の封殺になりかねない」との認識を示した。

稲嶺氏は「驚き、怒り、とても信じられない。廃藩置県以来、沖縄に対する差別、蔑視の流れが組み込まれてきているのではないか」と指摘。大田氏は「余りにも沖縄を知らず、沖縄の人と対等な関係をつくろうという意思がまったく感じられない」と嘆いた。

古謝氏は「許せない発言と思う」とした上で「（県民は）基地に依存して生活できているという浅はかな考えの方もいるが、しっかり調査した上で発言してほしい」と沖縄に関する誤解を問題視した。

高嶺氏は「普天間基地は田んぼの中にあった」などの発言を念頭に「米軍の占領者が、統治をするために組み立てた風説のたぐい。今ごろ国会議員や著名作家がまことしやかに言うこと自体、彼らに誇りはあるのか」と疑問を投げ掛けた。

（7月7日付2面）

■7月7日付関連・配信記事

「「報道圧力」発言　時代を読む」③大谷昭宏氏（1面）

↓126頁

「報道と権力―自民OBの視点」④親川盛一氏（2面）

↓112頁

国際新聞編集者協会（IPI）が声明（30面）

日本機関紙協会埼玉県本部も抗議声明（30面）

■7月8日付関連・配信記事

［「報道圧力」発言　時代を読む］④門奈直樹氏（1面）

↓128頁

自民県連、本部に抗議（2面）

　自民党県連の島尻安伊子会長と具志孝助幹事長は7日、自民党本部で谷垣禎一幹事長と会談し、自民議員らによる報道圧力問題に「沖縄に大変な誤解を与える発言だ」と抗議した。谷垣氏は「県民に大変迷惑を掛けた。申し訳ない」と謝罪した。

沖縄市議会も抗議決議可決（2面）

「報道圧力残念」同友会代表幹事が批判（2面）

［核心評論］「神話」基に沖縄差別　基地押しつけの構造（6面）

平和教育へ圧力　懸念　高教組定期大会（20面）

　「戦後70年の特別決議案」のほか、百田氏らの発言への抗議決議案、憲法を守り民主教育を目指す決議案などを採択。

浜比嘉沖縄市議「多数は接収喜ぶ」　宜野湾地主会長は反論（30面）

　自民党議員らによる報道圧力問題をめぐる沖縄市議会本会議の質疑の中で7日、市議会与党で元土地連会長の浜比嘉勇氏が「（普天間飛行場内に土地を持つ）宜野湾市の地主の大多数は今、接収されて喜んでいる。返還されることが苦悩だ」と発言した。

■7月9日付関連・配信記事

［「報道圧力」発言　時代を読む］⑤小林よしのり氏（1面）

↓130頁

報道圧力で抗議　宮古島議会決議（2面）

那覇議会も可決　安保法案の廃案も（2面）

［識者評論］沖縄報道少ない県外メディア　野村浩也・広島修道大教授（3面）

■7月10日付関連・配信記事

「憲法無視の統制だ」　報道圧力で出版協声明（27面）

反基地ネット　圧力発言抗議「政権の横暴を体現」（28面）

百田氏「偏向メディア　支配許せない」

自民党の勉強会で「沖縄2紙をつぶさないといけない」などと発言した作家の百田尚樹氏が、雑誌の取材に応じ、あらためて米軍普天間飛行場の成り立ちや地権者に対する持論を説明した上で「沖縄の偏向メディアによる支配が許せない」などと述べた。9日付のインターネットのニュースサイト「日刊SPA!」に掲載されている。

沖縄2紙について「つぶれてほしいと思っているのは事実。そもそも2紙は極めて偏向した『アジビラ』のような記事ばかり掲載し、両論併記の原則をあまりにないがしろにしている」と批判。「反基地、反安保という自らの政治的メッセージばかりを沖縄の人に押し付け、中国べったりの左翼機関紙」などと主張している。また、米軍普天間飛行場の地権者は「年収何千万円で東京の超高級マンションに住んでいる人がゴロゴロいるというのが現実」。辺野古の新基地建設については「辺野古以外の土地ではさんざん埋め立て工事をやっているのに、ジュゴンがいなくなるという主張はこじつけのように感じる」などと持論を展開している。

（7月11日付28面）

■7月12日付関連・配信記事

ジャーナリズム「最大の危機に」　報道圧力でNGO論議（24面）

国際人権NGO「ヒューマンライツ・ナウ」は11日、メディア関係者や有識者を招いたトークイベントを開催。ジャーナリストの青木理さんが「メディアに対する国民の不信も強くなっている」「ジャーナリズムは戦後最大の危機を迎えている」と述べた。

言論弾圧に抗議　日本出版社協も声明（24面）

■7月13日付関連・配信記事

「『報道圧力』発言　時代を読む」⑥高村薫氏（1面）

↓132頁

■7月14日付関連・配信記事

［「報道圧力」発言　時代を読む］⑦高橋哲哉氏（1面）

↓134頁

西原町議会「報道弾圧発言」撤回求め意見書（2頁）

［論考2015］国家権力が「公」私物化（18頁）

県紙購読　神戸から応援　久利氏「沖縄を孤立させない」（28面）

美ら島沖縄大使を務め、地元の神戸市で沖縄タイムスと琉球新報の2紙を購読しようと呼び掛けている久利計一さんが13日、沖縄タイムス社を訪れ、活動を報告。久利さんは「呼び掛けた際に、誰も文句を言うことはなかった。沖縄を孤立させてはいけないという思いがある」と話した。

■7月15日付関連・配信記事

［「報道圧力」発言　時代を読む］⑧荻上チキ氏（1面）

↓136頁

稲嶺元知事、自民リベラル派勉強会で講演（2面）

安保法　今国会成立を　石垣市議会が意見書可決（3頁）

石垣市議会は14日の臨時会で、安全保障関連法案の今国会成立を求める意見書を賛成多数で可決。県内初。自民党議員らによる報道圧力問題の抗議決議案も審議されたが、賛成10、反対11の賛成少数で否決された。

■7月16日付関連・配信記事

読谷村議会、報道圧力問題で抗議決議を可決（2面）

■7月18日付関連・配信記事

［「報道圧力」発言　時代を読む］⑨鎌田慧氏（1面）

↓138面

［「温度差」の本質］㊤　山田健太教授（専修大学）（13面）

↓116面

■7月19日付関連・配信記事

［「温度差」の本質］㊥　山田健太教授（専修大学）（6面）

↓118面

百田氏「引退します」ツイッターに書き込み（29面）

■7月19日付関連・配信記事
「「温度差」の本質」㊦　山田健太教授（専修大学）（6面）
　↓119頁

■7月21日付関連・配信記事
報道圧力発言　70人抗議デモ　宜野湾（24面）

■7月22日付関連・配信記事
北谷町議会、報道圧力問題で抗議決議を可決（2面）

■7月23日付関連・配信記事から
「「報道圧力」発言　時代を読む」⑩安田浩一氏（1面）
　↓140頁

■7月24日付関連・配信記事
「「報道圧力」発言　時代を読む」⑪斎藤美奈子氏（1面）
　↓142頁

報道写真家　石川文洋さん　沖縄批判「無知から生まれる」（6面）

　自民党勉強会での発言に「無知から生まれた言葉。沖縄の痛みを知る人なら、そんなことは言わない」。

■8月1日付関連・配信記事
「「報道圧力」発言　時代を読む」⑪中島岳志氏（1面）
　↓142頁

報道圧力に負けぬ　県マスコミ労協議長（3面）

　安全保障関連法案に反対する県民集会が7月31日に開催。登壇した与儀武秀・県マスコミ労協議長は「沖縄は外交安保政策、タカ派的な歴史的認識に警鐘を鳴らし続けてきた。報道圧力問題が取り沙汰されたが、悪意ある暴論に沖縄の報道機関は絶対に負けない。民意に寄り添い一貫して報道してきた自負がある。安保法案をめぐり報道の存在意義が試されている。平和な社会をつくり、言論の自由を守る責任を持ち、県民世論のよりどころになる報道機関になる」などと発言。

沖縄2紙を批判会見（28面）

　沖縄タイムスや琉球新報の報道姿勢を批判する「言論の自由を守る沖縄県民による緊急集会」のメンバーが7月29

日、県庁内で会見し「言論の自由を封殺しているのは沖縄2紙」と訴えた。同団体は18日に那覇市内で2紙の報道姿勢に抗議する集会を実施。署名を25人集めた。

■8月2日付関連・配信記事

「報道圧力」発言　時代を読む」⑬むのたけじ氏（1面）

↓146頁

［複眼］ネトウヨを考える

正しい沖縄知識　広めたい

6月末、沖縄タイムスのホームページには、これまでにないほどアクセスが殺到した。目当ては一つ、小説「永遠の0」などで知られる作家、百田尚樹氏の発言に端を発した報道圧力の関連記事だ。

米軍普天間飛行場の成り立ちを「基地の近隣住民が商売目当てで移り住んできた」「基地の地主さんが、六本木ヒルズとかに住んでいる」と言いたい放題。ニュースに触れた時は、まさかベストセラー作家で元NHK経営委員がそんな発言をするのか、と正直驚いた。ウェブを担当していると、いわゆる「ネトウヨ（ネット右翼）」が発信する首をかしげたくなるような言説がツイッターなどのSNSを通して目に入ってくる。百田氏の発言は、このネトウヨの主張そのものだった。

例えば、普天間飛行場は戦前から住民が住んでいた土地を米軍が接収し造った、と本紙はこれまで報道してきているが、前出のようにウェブでは根も葉もない話が多い。事実が一方的に変えられ、聞く耳さえ持ってくれない状況には、報道する側には無力感さえ漂っていた。

しかし、〝百田氏問題〟以降、発言が正しいか検証した記事が非常に読まれた。特に県外の人たちに。突然の、そして想定外の注目が、沖縄への正しい知識を持つ契機になってほしいと願う。

東京で開催された地方メディアのイベントに招かれた際には、「地方の問題は全国の土俵に載せないと、問題を共有してもらえない」とコメントした。今回、まさにそうだと実感する出来事だった。

百田氏は本紙を「読んでない」と明言したが、地元のことを知るには、やはり地方紙が近道だ。

地方紙、もっと読もうぜ!(デジタル部・與那覇里子)

(8月2日付4面)

Ⅱ

識者インタビュー・寄稿

政権批判への逆ギレ

中野晃一氏　上智大学教授

百田氏の発言は、非公式の会合で気が緩み、安倍政権の本音を共有できる空気の中で出たのだろう。国会議員たちが、その空気の中で、普段の政治に関わっていることがよく分かった。

国会中継をテレビで見たが、安倍晋三首相は百田氏の発言に対し、「報道が事実なら遺憾だ」などと言った。そもそも今回の問題を招いているのは、名護市辺野古の新基地建設を進めようとする安倍政権の沖縄に対する姿勢だ。

沖縄に対する政府の強権的なやり方は、日本の行く先を示しているところもある。異論を黙殺し、強行する。特定秘密保護法、安保法制などについても同じようなことが起きつつあり、日本全体の問題として考えなければいけない。

慰霊の日の沖縄全戦没者追悼式で、安倍首相へのヤジがあったことに対し、沖縄を許さないと思っている人たちもいる。このような状況を踏まえた百田氏の発言は、政権のやり方に公然と異論を唱えることは許し難いという見方であり、逆ギレしたのだろう。

「沖縄2紙をつぶせ」という本音は、ほかの日本のメディアを相当程度押さえたという安倍政権の自信の裏返しでもある。（政治学）

（6月27日付26面）

ファシズム的な言論

比屋根照夫氏　琉球大学名誉教授

沖縄への差別、蔑視をこれほど赤裸々に表明した発言は近来ない。百田氏の発言を読むと、日本の沖縄認識が、とうとうここまで来たかという感じだ。これは、沖縄に対する一種のヘイトスピーチと何ら異なるものではない。その意味で百田氏を含む日本の特殊な言論

人と政治家に根深く巣くっている沖縄の反基地、反辺野古運動へのいら立ちであり、攻撃と見なさなければならない。

米軍普天間飛行場の形成過程へのあきれ果てるほどの無知。沖縄の現状認識への決定的な間違い。それだけではない。「沖縄の2紙をつぶせ」という発言に至っては、もはやファシズム的言論の表れだ。

近現代以降の沖縄では、琉球処分での植民地的処遇、明治中期の人類館事件における人種的差別、ソテツ地獄での沖縄堕民論、沖縄戦でのスパイ視と劣等民族論などがある。沖縄への差別の歴史的な系譜は、現在まで続いている。百田氏の発言は、戦後の沖縄における最大の人種差別発言であり、沖縄への許しがたい侮蔑だ。

翁長県政の政府への対抗姿勢、反基地運動の高まりなどを含め、沖縄人を日本の境界線の外側に位置付け、沖縄の持っているアイデンティティーを剥奪しようとする動きで、極めて悪質だ。（沖縄近代思想史）

（6月27日付26面）

米属国の現実に目隠し

内田樹さん（神戸女学院大名誉教授）

百田氏の「沖縄の2紙はつぶさないといけない」という言葉を県民は聞き流してはならない。沖縄タイムスと琉球新報は「日本が米国の属国である」という現実をまっすぐに見つめているわが国でも例外的な「正気」のメディアだ。

飛行機の轟（ごう）音と基地のフェンスに身体的に威圧されて戦後70年間を過ごしてきた沖縄県民は、日本領土からの米軍基地の全面返還の日まで「主権の回復」と「国土の回復」は果たされないことを骨身に沁（し）みて感じているはずだ。「米国の従属国である」という痛苦な現実に向き合う沖縄の2紙を「つぶせ」と主張した百田氏は「日本が米国の属国だという現実を見るな、目をそらせ」と言っているに等しい。

繰り返し言うが、日本は属国である。外交も国防もエネルギーも食料も、医療、教育に至るまで、重要政策は「米国の意向」を忖度（そんたく）して決定される。その現実から目をそらし、あたかも主権国家のようにふるまう点に現代日本の病は存する。懇話会で暴言を吐き散らした講師や議員はその「病」の重篤な患者たちだ。

（6月28日付27面）

首相の憲法無視に追従

古賀茂明さん（元経済産業省官僚）

許しがたい百田氏の暴言だ。一方で、百田氏にも言論の自由はある。もちろん、百田氏の発言を批判するのも自由。その結果、百田氏は社会的信用を失うだろうが、それは言論弾圧ではなく、言論の自由に伴う責任ということになる。

一方、「マスコミをこらしめるには広告料収入をなくせばいい。文化人が経団連に働きかけてほしい」、「地元紙の牙城でゆがんだ（沖縄の）世論をどう正すか」などという自民党議員の発言は全くの別問題。憲法99条の「憲法順守義務」を負う国会議員の発言で、しかも、与党議員。権力側に立つ者が言論弾圧しようという話だ。

与党議員の解説によれば、会議でこうした発言に異論がなかったのは、そういう言動を安倍晋三首相が喜ぶと自民党議員が思い込んでいるからだという。

つまり、問題の本質は、安倍首相の「言論の自由」に関する考え方、さらには「憲法観」そのものにある。

一国の首相が憲法を根底から無視し、与党議員がそれに従う。まさに、民主主義の危機そのものである。

（6月28日付27面）

撮影・中西直樹

「百田氏発言」インタビュー

7月1日〜6日　文化面で掲載　全4回

作家の百田尚樹氏と自民党の若手議員が、報道に圧力をかける趣旨の発言を繰り返した自民党本部での勉強会の内容が波紋を広げている。一連の発言や背景にある意識などについて、県内の識者に話を聞いた。（聞き手はすべて学芸部・与儀武秀）

安保法制　危機感の表れ

岡留安則さん

―百田氏と自民党若手国会議員の勉強会「文化芸術懇話会」で、安保法案に反対する報道に対して「マスコミを懲らしめるには広告収入を無くせばいい。文化人が経団連に働きかけてほしい」など、意に添わない報道に圧力をかけるべきだとする意見が出された。

「同発言は勉強会代表の木原稔自民党青年局長のもの。更迭され1年の役職停止など関係した衆院議員と共に処分された。自分も雑誌『噂の眞相』を発刊していた際にやられたことがあるが、新聞でも雑誌でも広告収入を止められるのは大変で、狙い目としては間違っていない。だが、それを国会議員が言うというのは考えられないことであり、ほとんど総会屋の発想だ」

「今までいろいろな動きがあったが今回の動きは突出している。ある面では安倍政権がこれまでやってきた官邸のマスコミ対策の最終決着所のような形。官邸はマスコミ幹部を呼び、ある程度なだめすかしたり、接待したりして対応をしていたが、百田氏を通したとしても自民党の昔からいる改憲タカ派勢力の本性が出

おかどめ・やすのり　1947年鹿児島県出身。79年に雑誌「噂の眞相」創刊。2004年まで編集長。同年に同誌を休刊し、沖縄に移住。著書に「編集長を出せ！」など。

たという印象だ」

—百田氏は「普天間は田んぼの中にあり商売のため周囲に人が住みだした」「基地地主は大金持ち。基地が無くなるとお金がなくなるから困る」「女性への暴行は米兵よりも沖縄（県民）の方が多い」などと発言している。このような沖縄認識についてどう感じるか。

「沖縄批判の際は以前からそのような言葉が断片的に出てきた。それをまとめて言ってくれたので反論しやすい。普天間の住宅地や軍用地料など、必ずしも正確ではない。事実誤認を元にした沖縄差別の言説は以前からあった。事実の検証をしないで常識として交わされている話が出てきたもので、沖縄に対する構図がよく見えると思う」

「ここのところ国防族の山崎拓元自民党副総裁など昔からいる自民党議員たち、自分は『リベラル利権屋勢力』と呼んでいるが、彼らが安全保障法制などに関連して安倍政権に対する危機感を表明しており、それに対する焦りがあったのではないかという気もする」

—百田氏は「沖縄の二つの新聞はつぶさないといけない」と発言し、後に「オフレコに近い発言で冗談として言った」と話している。

「彼がこれまで発言してきたことを考えると、常々会話してることの延長線上で話しており、彼の本音であることは間違いない。風向きが悪くなって『オフレコに近い冗談』だったと言っても通用しない。こういう部分に逆に真意が表れている」

「官邸の論理では『沖縄対策がうまくいっていないのは県内2紙が県民を洗脳しているからだ』という前提を持っているのではないか。自民党改憲タカ派勢力は同じようなことを以前から言っていると思う。右派の戦中につながるような思想はずっと本音としてあり、それが背景にあって辺野古問題で官邸・安倍政権と沖縄が対立している。それがうまくいかないのは『沖縄2紙が悪い』という短絡的な発想を示している」

―沖縄の新聞報道について今後望むことは。

「言論統制のような動きについては紙面で対抗していくことが必要。本土メディアとの格差ということが指摘されるように、東京の中央メディアは沖縄のことを報じているようで報じていない。安倍晋三首相・翁長雄志県知事との会談後の県内外の世論調査の結果などでも政権側がおかしいとの数字が出ており、沖縄は少数派ではない。今回の発言は逆風が吹いていることの安倍政権の焦りの現れ。例えば日米地位協定を問題にしないと、日本と米国、沖縄との関係は変らず根本的な解決にはならない。沖縄のメディアはこのようなことに萎縮せず本質的な問題を報じてほしい」

（7月1日付）

理不尽なことば検証を

宮城公子さん

―作家の百田尚樹氏と自民党若手国会議員の会合で「マスコミを懲らしめるには広告収入をなくせばいい」など、報道に圧力をかけるべきだとする意見が出された。

「安保法制関係の国会での政権側の、学者や元自民OBや内閣法制局長官OBの異見を無視し、非論理的で粗雑な論議に批判的なメディア論調にいら立ち、政権サイドからの、『懲らしめる』という立憲主義も民主主義もない主張や意見は、醜悪でガキ大将的。しかしこうした雰囲気は近年醸成されつつあり、衆院選でメディアに公正な報道を要請するとか、政権に近いNHK会長が報道の独立性を歪曲（わいきょく）したりなど、助走は意図的になされている」

「広告収入を盾にメディアをどう喝しようとする姿勢は、国立大学に対し、税金による補助金を盾に、国旗国歌の導入を要求する政権の姿勢とも共鳴しているとも言え、表現の自由の面からも絶対に許されない。メディア同士の連携やさまざまな人々を巻き込んだ闘いの方法を多様に構築すべきだ」

―百田氏が発言した「普天間は田んぼの中にあり商売のために周囲に人が住みだした」「基地の地主は大金持ち。基地がなくなるとお金がなくなるから困る」「女性への暴行は米兵よりも沖縄（県民）の方が多い」などの沖縄認識についてどう感じるか。

「端的に歴史、社会現実上の認識が極度に間違っていることは、両紙上をはじめ具体的に訂正、明示済みのことがほとんど。特に女性への性暴力について、地元民間人による『数』と駐留米軍人によるそれの『数』との比較をしろ、と言うのは珍妙で不正確な煽りでしかなく、算術的論理の欠如と、私情的勘定の押し付けと、性暴力による個の圧殺に想像力を差し伸べられない思考（ことば）の不全を表している。高校生がレイプしたら高校を撤去するのか、などという低次元の異論を、米軍基地撤去要求への反論として使えると思っているなら、ことばを紡ぐ仕事である作家としては欠格している」

―百田氏の「沖縄の二つの新聞はつぶさないといけない」との発言をどう思うか。

「両紙をほとんど読まないとしつつ、自分の悪口ばかり書くから嫌だとするが、寡聞にしてそんな記事をたくさん読んだことはない。飲み屋でのジョークと同じというごまかしの態度とともに、被害者顔を見せつつ、不快感の表明だけは手放さない。ことばの内実をないがしろにして省みない」

「自民議員や政権周辺に、辺野古反対の沖縄の現状を詳細に報道するという両紙の当然なスタンスを嫌悪する発言が、これも散発してきているのは確か。自らの意に反するものへの単純で自己中心的拒否は政権に一貫しており、恥じ入るべき状況だ」

―一連の発言は安倍首相に近い自民党若手国会議員が憲法改正を推進する勉強会「文化芸術懇話会」でのもの。背景にある意識をどう見るか。

「有名人頼みの自民党応援団。反集団的自衛権、反

原発などの市民の流れに参加するミュージシャンや俳優が、全て個として自主的に参加しているのが不快で、カウンターが欲しいという単純な焦燥感が背景にある。幾つか指摘があるように、冗談は本音の露骨な吐露。作家のことばは、特殊な現実の根幹の普遍に届く必要があるが、百田氏の小説『永遠の０』にも露呈するように、多くの際立つキャラの書き分けは巧みでストーリーテリングは卓越していても、なぜ戦う男性を男女ともに批判できなかったのか、何が特攻死を強制したかなどは後景化されてしまう。これを歓迎する政権を支えるような全国的雰囲気もある」

みやぎ・きみこ　沖縄大准教授。日本近代文学、比較文学専攻。共訳著に『Southern Exposure』『沖縄文学選』『継続する植民地主義』『沖縄の占領と日本の復興』など。

―沖縄の新聞報道に望むことは。

「以上のような反沖縄の言説の流れを、両紙は今後も否定的に問い続け、それに連なる人々も多いことを可視化させていってほしい。両紙ならず、全国的なメディアも理不尽な政権側のことばの群れを検証してほしい」

（7月2日付）

戦前の情報一元化想起

宮城晴美さん

―作家の百田尚樹氏と自民党若手国会議員の会合で、意に添わない報道に圧力をかけるべきだとする意見が出された。

「新聞でこの記事を読んで真っ先に思ったのは、大本営発表や軍機保護法など、戦前の情報の一元化を狙った発想ではないかということ。政府に都合の悪い報道に圧力をかけるということで、かつて国民や報道機関を支配したような国家づくりを考えているように思う。安保法制の可決を急ぐ中、戦争ができる体制を法体系にまで広げて可能にする手伝いをしようとしているのではないか」

—百田氏が発言した「普天間は田んぼの中にあり商売のために周囲に人が住みだした」「基地の地主は大金持ち。基地が無くなるとお金がなくなるから困る」「女性への暴行は米兵よりも沖縄（県民）の方が多い」などの沖縄認識についてどう感じるか。

「普天間については事実誤認であり、軍用地料の問題は地元の人を見下した言い方。特に気になったのは女性への暴行についての発言。なぜ、米軍による事件・事故ではなく性犯罪なのか。民間と軍隊の犯罪を対比して考えること自体、不見識きわまりないが、彼自身が沖縄の事件の実態をきちんと把握して発言しているのかと考えると、非常に無責任だと思う」

「米軍犯罪は、たとえ容疑がかかっていても起訴率が低い。日米地位協定で守られているということもあるが、日本の法が及ばず、県警が正確な数字をカウントできない。そういう意味では単純に比較できるものではない」

「戦後の米兵によるレイプ事件を調査してきた立場で言えば、これまで米兵のレイプ事件は圧倒的に加害者が複数であるケースが多い。集団行動で日常訓練の延長線上にあり、力の誇示や男性という性的存在の確認など、軍隊の体質を反映した加害性が強いもの。被害女性にとっては加害者が米兵でも沖縄人でも、人権や尊厳を傷つけられるという意味では同じ。それを数的な比較に矮小化する百田氏の発言は、セカンドレイプ以外の何物でもない。彼の精神の貧困を感じさせる」

—百田氏は「沖縄の二つの新聞はつぶさないといけない」と発言しながら「沖縄の新聞をしっかり読んだことはない」とも話している。

「作家としてこのようなことを軽々しく言う彼の品格を疑ってしまうが、逆に県民に支持されている沖縄の新聞に畏怖の念を抱いている裏返しではないか」

「彼のような発言を学生でも日常的に口にするようになっていると感じる。今年の初めごろ、沖縄を訪れた県外大学の学生と話した時に『沖縄の新聞が偏向していることに対してどう思いますか』と質問された。その際に『どの新聞の、どういう点が偏向していると思ったのか』と聞くと『読んでいない』と答えていた」

「このように、自分自身が事実確認をしなくても批判することが許されると若者たちに思わせる危険性を、百田氏の言動に感じてならない」

―沖縄の新聞報道について今後望むことは。

「常に沖縄の歴史を顧みながら、権力構造をチェックし、事実関係を裏付けたうえで、沖縄県民や社会的弱者に寄り添った、これまで通りの冷静な報道を続けてほしい」

（7月3日付）

みやぎ・はるみ　1949年座間味村生まれ。大学非常勤講師。基地・軍隊を許さない行動する女たちの会会員。著書に「母の遺したもの」高文研（2000年初版、08年新版）、共著多数。

沖縄差別意識そのもの

仲宗根勇さん

―作家の百田尚樹氏と自民党若手国会議員の会合で、報道に圧力をかけるべきだとする意見が出された。

「多くの憲法学者やあらゆる領域を含んだ学者らの安保関連法案に対する反対表明に加え、全国各地の『九条の会』などの団体や組織の啓蒙（けいもう）活動、マスコミ報道により、安保法案に対する反対世論が広がった。安倍内閣の支持率は39％（朝日新聞の6月20日、21日両日の全国世論調査、朝日新聞6月22日付）に下落し、法案成立にあせりと危機感を抱いた安倍政権『親衛隊』のおごりと無教養が表出された」

「彼らには憲法上の表現の自由や新聞の社会的使命についての知識も意識もない。憲法9条が認めていない集団的自衛権の容認根拠を、最高裁の砂川判決に求める牽強付会の説で安倍政権に身をすり寄せる中で、今や日本国憲法下の立憲主義は危機的状況になっていることを感じさせられる」

「勉強会参加の若手国会議員たちは『戦後レジームからの脱却』を掲げ、明文改憲を目指す安倍晋三首相の影響下で行動しているものと思われる。彼らは、選挙制度の憲法的違法、低投票率、多党分裂、民主党への国民の絶望に助けられている。だが、得票率に見合わない1強多弱の与党議席を獲得している現実にあぐらをかき、その結果、みずから墓穴を掘ったものだと思う」

―百田氏の「沖縄の二つの新聞はつぶさないといけない」とする発言についてどう思うか。

「現在、比較的政権批判の論調の強い、東京新聞や朝日新聞は『つぶさないといけない』とはっきりと言えないのに、沖縄の2紙については、『つぶさないといけない』と発言する精神構造こそ沖縄差別そのものだ」

―一連の発言は安倍首相に近いとされる自民党若手国会議員が憲法改正を推進する勉強会「文化芸術懇話会」での発言。発言の背景にある意識をどう考えるか。

「全体主義への警鐘の書であるジョージ・オーウェルの小説『1984年』（ハヤカワ文庫版）の主人公ウインストン・スミスは『自由とは2足す2が4になると言える自由だ。これが容認されるならば、その他のことはすべて容認される』と書き留めた。しかし、党の最高指導者の『偉大なる兄弟』のスローガンは、『戦争は平和である　自由は屈従である　無知は力である』というものであった」

「安倍政権の語法は、戦争法案を『平和安全法制』、自衛隊が米軍と軍事一体化しその傭兵となることを『平和への積極的貢献』と表現している。安倍政権批判に対しては『レッテル貼り』と指摘しながら、自分たちの『言論の自由』を正当化している。アメリカ詣でで民主主義の価値を強調しながら、沖縄の民意を平然と無視し、暴力的に辺野古新基地を強行して民主主義の価値を破壊して恥じないことなど、あの『偉大なる兄弟』の語法と類似する」

—沖縄の新聞報道についてこれから望むことは。

「現在、本土のメディア総体が権力への批判力を弱体化させている。その結果、ジャーナリズム本来の立ち位置を固守している沖縄の新聞報道が、本土水準の目からは、実際以上に『左翼的』、反政府的と映る面もあるだろう。しかし、今回の事件は、単に会合参加議員と百田氏の人間的退廃と国民の代表者としての資格・能力の問題を暴きだしたばかりでなく、彼らの衣の下から安倍内閣の鎧（よろい）をはからずも露見させた。このことは、天の神によって『正義の神風』が吹いたものと逆説的にプラス評価することもできる」

「沖縄の新聞報道はこれまでと同様、今後とも本土からのもろもろの政治的雑音に臆することなく、悠久の沖縄の歴史を踏まえ県民に寄り添って、健全な沖縄社会共有の社会的財産であり続けることを期待していく」

（7月6日付）

なかそね・いさむ　1941年うるま市生まれ。65年東大法学部卒業後、琉球政府裁判所入り。2010年東京簡易裁判所で退官。現在、うるま市具志川九条の会共同代表。著書に「沖縄差別と闘う」（未來社）ほか。

報道と権力
――自民ＯＢの視点

7月3日〜7日付　総合面（2面）に掲載　全4回

自民党の若手国会議員が百田尚樹氏を招き開いた勉強会で、報道への圧力や、基地問題に関する誤った認識が語られ、県民が強く反発している。安倍晋三政権と自民党の今をどう見るか。県出身の自民ＯＢ議員に思いを聞いた。

幼稚な考え　情けない

嘉数知賢氏（元衆議院議員）

――自民党の若手国会議員から、メディアに圧力をかける趣旨の発言が出た。

「国会議員として、まったく幼稚な考え方と言わざるを得ない。社会に与える影響も予測できておらず、情けないし『青い』と感じる。与野党を問わず、国会議員は謙虚であるべきだ」

――作家の百田尚樹氏は「普天間は田んぼの中にあり、商売のため住民が移り住んできた」など事実と異なる発言を繰り返している。

「私も著作を読んだことがある。著名な知識人と思っていたが、たいしたことない人物だったのだな、というのが率直な印象だ。おそらく伝聞か一部の報道で得た知識を、詳しく調べもせずに発言したのだろう。民間人とはいえベストセラー作家であり、与える影響は大きい。沖縄に関する誤った認識が広がることを懸念している」

――あなたは戦前生まれだが、戦前・戦中派の国会議員が激減している。現役当時と比べ、沖縄への目線が変わっていると感じるか。

「私は真珠湾攻撃の年に生まれ、4歳で沖縄戦を体験した。10・10空襲の日、兄と母と3人で本部の避難小屋に入ろうとしたが、軍に追い出され、伊豆味の山中をさまよった。兄が小屋の近くにランドセルを忘れたので、翌日恐る恐る取りに行くと小屋は壊滅し、避難していた人は全滅していた。追い出されなければ、私も同じ目に遭っていた。戦争というのは異常体験。だから今でも鮮明に覚えている。戦後生まれの若い政治家が増え、本土が沖縄に無関心になっているのは間違いない。ただ、沖縄の議員も手をこまねいていてはいけない」

「私は衆院議員時代、所属していた清和政策研究会（現細田派）の所属議員約90人を家族同伴で沖縄に招き、普天間飛行場の施設内や辺野古などを見てもらったことがある。基地負担の実情を知ってもらいたかったからだ。沖縄の理解者になってほしいと目をつけた議員には、季節ごとにマンゴー、パイン、泡盛などを贈る習慣もあった。確かに今回の圧力発言をした議員を含め、今の若い本土の国会議員は、沖縄についてあまりにも勉強不足だ。一方、本土の議員や国民に沖縄のことを知ってもらう努力をすることも、与野党問わず県選出国会議員の責務だと思う」

かかず・ちけん　１９４１年、名護市出身。80年の県議選で初当選し、5期。94年に議長。96年衆院選で初当選し、衆院当選4回。内閣府副大臣などを歴任。

（7月3日付2面）

沖縄に向き合う心を

安次富修氏（元衆議院議員）

―自民党の若手国会議員から、メディアに圧力をかける趣旨の発言が出た。

「政権与党の自民党はより謙虚でなければいけない。沖縄2紙は、県民が過重な基地負担を背負っているという特殊事情を踏まえて報道にあたっている。そこに

あしとみ・おさむ　1956年生まれ。宜野湾市普天間出身。普天間高校、亜細亜大卒。86年から宜野湾市議3期、96年から県議4期。2005～09年まで衆院議員を務めた。

圧力をかけるような発言はあってはならない。例え内々の会合であっても、大人になって謙虚で節度ある態度や発言が求められている」

―作家の百田尚樹氏は、普天間飛行場が田んぼの中にあり、商売のため住民が移り住んできたなどと発言した。宜野湾市を地元とする元自民国会議員としてどう受け止めるか。

「百田氏には何が分かるのか、と言いたい。私は普天間飛行場のそばで生まれ、生活してきた。学校では、米軍機の爆音や基地内で廃材を燃やして出た煙が流れ込むなどし、授業が中断するのは日常茶飯事だった。強制接収された後にフェンスの周りに住居を移らざるを得なかった歴史がある」

「軍用地主は金持ちだという趣旨の発言もしていたようだが、土地は長い間の地主の訴えでようやく一般の宅地並みの地料となった。自分たちの土地に帰れない悔しさは、県民にしか分からないのだろうか。先祖からの土地を大切にする気持ちは、日本全国同じのはずだ」

―自民党の議員が沖縄への理解がなく、報道への圧力を発言する背景には何があると考えるか。

「今の自民党が右傾化していることが原因だろう。安倍晋三政権の性質が如実に表れている。これまでの自民党はなんとか普天間の返還を成し遂げようとし、その支障となるような言動がないよう緊張感を持っていた」

「だが、第1次政権を道半ばで終えた安倍氏は、今回こそはと安保法制や憲法改正を含めて強行的な姿勢を取っている。国会でも3分の2以上の議席を確保し重厚な政権となる中で、今回のような発言が出たのだろう」

―党本部や沖縄県連に何を求めるか。

「党本部は、戦後の焼け野原から発展したものの日米安保で基地を背負う沖縄に向き合う心を持ってほしい。同時に、沖縄の自民国会議員は党幹部に従うだけでなく、党内で沖縄の訴えを声高に叫んでほしい」

（7月4日付2面）

不遜な発言続き憤る

平良哲氏（元県連幹事長）

―報道に圧力をかけるような自民党若手国会議員の発言をどう思うか。

「私は復帰後、43年にわたり自民党の党員をしているが、この議員たちの沖縄2紙に対する発言は、憲法で保障された、民主主義の根幹である表現・報道の自由に対する挑戦だ。言論の自由を逸脱した不遜な発言でもあり、たいへん憤っている。特に処分後に反省の色もなく『誤った報道をするマスコミに対して広告は自粛すべきだ』と発言した大西英男議員は不見識極まりない。国会議員の風上にも置けない」

たいら・てつ　1936年、那覇市出身。琉球銀行、國場組勤務などを経て県議4期。自民県連幹事長、沖縄観光コンベンションビューロー会長などを歴任。

―事実誤認に基づく百田尚樹氏の発言は。

「私の近所に昔、普天間飛行場の近くに住んでいた方がいるが『平良さん、あそこに田んぼなんてありませんでしたよ』と悔しそうに言っていた。軍用地主も大半は、収入の少ない零細だ。『われわれがぜいたくしているなど、とんでもない』と怒っているだろう」

「自分で事実を確認もせず、ふらちな発言であり暴言だと思う。日本新聞協会も『報道の自由を守る立場から断固反対し、今後も国民の知る権利にこたえていく』と毅然（きぜん）たる姿勢を示している。百田氏は発言を撤回し、認識不足の発言で沖縄県民に迷惑を掛けたという趣旨を述べるべきではないか」

―現役の県議時代と今を比べると、自民党の沖縄への目線は変わっていると感じているか。

「かつて自民党の重鎮議員たちは、相手が地方議員であっても、人と人とのつながりを大切にしてきた。私は早稲田大学の雄弁会に所属していた縁で首相経験者の竹下登、小渕恵三、森喜朗の3氏（いずれも雄弁会OB）にはとても親しくしていただいた」

「特に竹下さんは大蔵大臣時代に予算折衝で大臣室を訪ねると『てっちゃん、てっちゃん』と呼んでくれ、西銘順治知事が驚いていた。今は、党本部と沖縄の、こうした人間的な触れ合いが希薄になってはいないだろうか」

「一部のふらちな人間のために、自民党全体が同じだと思われてしまうのが心配だ。県民の自民への不信感が、辺野古移設問題に影響するのではないかとも危惧している。選良である政治家は、事実に基づく議論をしなければならない」

（7月6日付2面）

2紙へいら立ち　背景

親川盛一氏（元知事公室長、県議）

―百田尚樹氏の発言をどう受け止めているか。

「沖縄の新聞への批判と圧力、普天間飛行場の周辺に商売のために人が住んだという発言は、どちらも沖縄の状況や歴史に無知だからこそ出たのだろう。それでも作家なのか、と怒りを感じる」

―百田氏だけでなく、自民党国会議員も報道圧力に言及した。

「県民は2紙を社会の情報や事実関係を把握するための情報源としている。安倍晋三首相に近い百田氏や国会議員が広告料を絞って圧力をかけるなど言論の自由を無視する発言をするのはどうかしている。背景には、沖縄の民意を無視して強権的に名護市辺野古の新基地建設を進めようとする政府の批判を続ける沖縄の新聞へのいら立ちがあるのだろう」

「報道圧力は沖縄だけの問題ではない。日本が集団的自衛権で戦争に向かって進んでいる気がしてならない。政府は学者から憲法違反を指摘されているにもかかわらず、安全保障関連法案の制定を進めている。そこに警鐘を鳴らす報道が弾圧されるのは恐ろしい」

—県知事公室長や自民県議の現役時代に接した自民と今の自民に違いは感じるか。

「稲嶺恵一県政時代に普天間問題をめぐり政府・自民と話し合いをした当事者としては、当時はなんとか普天間を返還しようと互いが努力していた。当時の県政は辺野古の沖合に移設した上で使用を15年に限り、その後は県民の財産として返してほしいと要望した。政府や自民はそれを理解してくれていた」

「今はどうかと言えば使用の期限もなく、代替施設とは異なる新たな機能を持った新基地の建設を強行しようとしている。沖縄への理解や配慮がない。そうした中で百田氏らのような沖縄をばかにするような発言が出るのだろう」

—百田氏をはじめ中国の脅威を沖縄への海兵隊駐留を主張する論調がある。行政経験者としてどうか。

「日米安全保障は認める立場だ。だが、海兵隊は沖縄でなくても役割を果たせる。歴史的にも沖縄は中国とも交流し、武器を持たずに平和外交が可能な場所だった。中国を理由に沖縄だけ米軍基地を強化するのはおかしい」

（7月7日付2面）

おやかわ・せいいち　1941年生まれ。沖大卒業後に県警本部を経て86年から県庁に勤務。稲嶺恵一県政で知事公室長などを歴任後、2004年から県議1期務め、自民に所属した。

⑪報道圧力発言

7月5日付1面

許されぬ権力乱用
対立意見 積極的に傾聴を

6月25日、自民党内の自主的な勉強会「文化芸術懇話会」にて、講演者が、沖縄の新聞2紙はつぶすべきだ、という趣旨の発言をしたという。これは、権力者である国会議員に対して、新聞社への言論弾圧を唆したと受け止められても仕方がないだろう。

本来であれば、主催者の国会議員は、言論の自由を尊重する態度を示すため、その場で異議を唱えた上で、国民に対して発言の事実を公表し、人選ミスをわびるべきだっただろう。しかし、出席した国会議員の中には、発言をたしなめるどころか、マスコミを懲らしめるには広告料収入がなくなるのが一番だから、経団連に働きかけてはどうか、という趣旨の発言をした者までいたという。

■国会議員の特権

国会議員は、立法や行政統制にまつわる法的権限を持ち、事実上の影響力も大きい。国会議員としての権限や影響力を乱用して、特定メディアの発言を抑圧することは憲法21条の保障する表現・報道の自由の侵害であり、決して許されない。今回の発言が強く非難されねばならないという点については、野党はもちろん、政府・与党幹部も認めるところだろう。

そこで本稿では、視点を広げて、発言の背景にある政府・与党の姿勢を問うてみたい。すなわち、安保法制の審議に至る流れを見ていると、政府・与党には、本来、全国民の利益ために活用すべき制度を、自分たちの主張を通すための道具にしようとする態度が散見される。

2013年夏、異例の内閣法制局長官人事を行い、集団的自衛権行使は不可能としてきた内閣法制局の憲法解釈に圧力をかけた。14年末には、重大な争点対立もないのに、与党に有利なタイミングを見計らうかのように、衆議院の解散・総選挙を実施した。最近では、憲法審査会にて、集団的自衛権行使は違憲と発言した与党推薦参考人に対し、「人選ミス」「安保の素人」と罵倒した。いずれも官僚・選挙・専門家を、政府・与党に都合よく使おうとする姿勢が見て取れる。

■民主主義の基礎

今回の発言は、メディアを政府・与党の「翼賛広報」にした上、経済界までも、メディアに圧力をかける道具にしようという意図が感じられる。

当然のことながら、官僚・選挙（有権者の意思）・専門家・メディア・経済界は、政府・与党の道具ではない。それぞれが誠意を持って、自律的に活動・機能することで、多様な観点・意見が示され、政治を適切に評価できるようになる。これらの制度を、政権の道具にしようとすれば、意思決定に必要な十分な情報が流通せず、民主主義の基礎が失われるだろう。

政府・与党は、今回の関係者を処分するだけでは、民主主義の回復には不十分だ。安保法制違憲説をとる憲法学者や、安倍政権の経済政策に反対する有識者を党の会合に招くなど、積極的に対立意見に耳を傾ける態度を示さねばならない。いわれなき非難を受けた沖縄の新聞を定期購読するのもお勧めだ。耳の痛い話も多かろうが、きちんと向き合えば、党の議論に深みが出てくるだろう。何より、地元紙をつぶすべきでないことがよく分かるはずだ。

民主主義の本質は、多数決ではなく、そこに至る対立意見への傾聴にこそある。（首都大学東京准教授、憲法学者）

＝この連載2015年2月1日から現在も継続中。第1・3日曜日掲載。

「温度差」の本質

山田健太

7月18日〜20日付

㊤政府批判を徹底抑圧
報道規制繰り返す自民党

自民党内の勉強会での発言に端を発した「報道圧力」問題は、安倍晋三首相の形ばかりの陳謝によって政治的には幕引きが図られようとしているが、問題の本質は何も解決していないばかりか、むしろ重要な問題が「意図的」に忘れ去られようとしているとすら思われる。

政府に批判的な新聞には広告主に圧力をかけ懲らしめよう、との自民党議員の発言は、「国会審議に迷惑をかけた」というレベルでは到底なく、憲法に抵触するものである。しかもこれらの発言に対し、首相自ら「議員にも言論の自由がある」としたこともまた、重大な「解釈改憲」であって、見過ごせない発言だ。

なぜなら、公権力が直接間接を問わず、言論報道機関に財政的な縛りをかけることは、最も古典的な国家権力による「検閲行為」の典型であり、日本も戦前・戦中、新聞・出版社をこの種の方法で言論統制してきた歴史を持つ。こうした歴史を踏まえ、戦後の日本は言論統制法を廃するとともに、憲法は検閲を絶対禁止したのである。

また、憲法は国会議員、公務員に憲法順守義務を負わせている。その意味は、憲法で保障された市民の表現の自由を守るのが政治家の役割であって、その自由を抑圧することは許されない。当然に、言論の自由を封殺するような言論の自由を、政治家は持ちあわせていないし、憲法上持ってはならない。そうした解釈を一方的に捻じ曲げ、意図的に読み替えることは認められるはずがない。

さらにやっかいなのは、こうした発言の背景には、大きな二つの流れがあるということだ。それは、現政権のメディア戦略と、自民党のメディア規制指向である。前者は、報道機関に対する個別のインタビューを認めるという懐柔策を通じ、好きな時に好きなタイミングで好きな場所で好きなことを言うという、まさに官邸の自由意思によって多くの発言機会を実現している。こうした自由な発言を、言論の自由と勘違いしているとしか思えない。

一方で、政府方針に反する言説は厳しく批判、抗議し抑え込むということが徹底している。沖縄関連でいえば、2014年2月の自衛隊配備に関する新聞協会への抗議しかり、昨今のテレビ局に対する総務省からの行政指導がこれにあたる。そしてこうして傾向は、第1次安倍政権以降、現政権の際立った特徴でもある。

また自民党は、すでに2000年前後から、新聞・テレビ・週刊誌の取材・報道を念頭にした法規制を指向し続けている。さらに、先般の選挙時に顕著な通り、個別の報道内容に関する抗議や文書による要求をするに至っている。自民党国会議員は、こうした政権と党によって醸成された「空気」に慣れ親しんでいるといえ、先般の発言は単に個人の資質でも一過性のものでもないということがいえる根が深い問題だ。

（7月18日13面）

やまだ・けんた　1959年、京都市生まれ。専修大学人文・ジャーナリズム学科教授・学科長。専門は言論法、ジャーナリズム研究。主な著書に「法とジャーナリズム　第3版」、「ジャーナリズムの行方」（三省堂）、「3・11とメディア」など。

㊥沖縄実態あえて無視
百田氏発言　政府そのもの

自民党勉強会に講師で招かれた百田尚樹氏の発言は、ストレートに法的問題にはなり難い。一方で、作家という表現者として倫理上許されない発言であるとともに、さらにはその認識の背景に大きな問題があると考えられる。

発言のポイントは大きく二つで、沖縄地元紙をつぶせといったことと、沖縄の過去・現在の状況についての内容に誤りがあったことである。前者はその前提に、沖縄の新聞は偏向しているという一種の思い込みがある。

同様のイメージは広くネット上で流布されているほか、本土からも有識者がかけつけて、県内でも市民団体による沖縄メディアに対する糾弾キャンペーンが繰り広げられている。最近では沖縄の自民党が、県知事選や総選挙で負けたのは偏った報道をする新聞のせいだと発言した。

日本の場合、多くの県ではその地域を販売エリアにする有力な地方紙が1、2紙ある。それらの新聞は当然、地元ニュースを中心に扱うのであって、一般には5、6割は県内の出来事である。しかも、県民の生命や安全にかかわる事項は、大きな扱いにするのが当然だ。

たとえば、福島の県紙である福島民報や福島民友では連日、原発・被災に関する出来事が1面を飾るほか、紙面の多くも関連記事で埋まっている。沖縄で基地ニュースが多いのは、これと同じ構造であり、しかもこの問題が戦後、一貫して解決されないまま今日につながっていることで、長期にわたって基地関連ニュースが紙面上で大きなスペースを割いていることになる。その結果、「沖縄タイムス＝基地記事が多い」という実態があるのであって、それはまさに、県内で基地問題が解決していないことの証しである。

一方で後者は、沖縄戦や米国施政下の苦難の歴史認識をあえて無視していることや、日米地位協定に由来する米軍犯罪に対する対処の限界という問題から意図的に目をそらすものである。こうした歴史認識や制度的問題について、知らずに発言したとは思えず、内容がうそであることを知っていて話すという点で、「悪意」をもったものと思わざるを得ない。

こうした悪意ある発言は、社会的影響力がある者として、しかも表現行為を業としているものとしてはいかがなものか。その意味で、ツイッターでのつぶやきも含めて表現者の倫理にもとる行為と考えるが、それを公的な場といえる自民党の正式な会議の席上で言ったことで、よりその問題性は高まったといえる。

そして、こうした歴史認識の欠如や制度的問題の無視は、まさに在沖米軍基地問題、とりわけ辺野古新基地建設にあらわれる政府の姿勢そのものであることに気付かされる。

この奇妙なほどの一致を示すところに、この発言の本質があるといえはしないか。そしてこの点に敏感に反応した沖縄タイムスと、単なる「お騒がせ作家」のいつもの暴言扱いとした本土メディアの違いが、紙面扱いの差であると同時に、沖縄と本土の意識の差であるといえよう。

（7月19日6面）

㊦本土紙　沖縄は「一地方」
冷静・冷淡　捉え方に差

本土紙は沖縄に冷たい、とよくいわれる。しかしこれは、ある意味では当然のことで、同じことは他の地方紙との関係でも成立する。ではなぜことさらに、沖縄イシューで、本土紙と沖縄地元紙の「温度差」が問題となるのか。

第1は、沖縄で生じている問題を、沖縄ローカルの問題と捉えるかどうかの〈視点〉の問題だ。具体的に「県民大会」が開かれたテーマで考えてみよう。辺野古新基地建設、オスプレイ強行配備、教科書検定沖縄戦記述変更、米兵暴行事件…。確かにこれらは、その時点で沖縄で生じた事象であることに違いはない。しかし同時にこれらは、米軍基地、オスプレイ配備、教科書検定、日米地位協定と、日本全国に共通の普遍的な問題でもあった。

それらを、沖縄ローカルの問題として捉え、あえて目をそらすかのような扱いをする本土紙に、沖縄の「歴史」が見え、「差別」を感じるということになるのではなかろうか。すなわち、太平洋戦争で「捨て石」とされ、米国の「植民地」として差し出された歴史が、また繰り返されていることを本土紙の「冷たい」扱いを通して、県民は見ているということだ。

第2は、紙面作りの上で〈感情〉をどう表現するかの違いがある。一般にテレビは「感情のメディア」と呼ばれ、視聴者の怒りや感動を惹起（じゃっき）させるような番組作りがよくある。新聞は「理性のメディア」とされ、できる限り冷静の筆致で、事実をもって語り、どう解釈するかは読者に委ねることを原則としている。

これに対し沖縄紙の場合は、最近では辺野古新基地建設・オスプレイ強行配備・教科書検定に対しはっきりとＮＯのスタンスを示し、1面を含む紙面作りに明確に反映させている。本土の新聞や、その紙面作りに慣れ親しんだ読者からは、強い「違和感」が示されるということになっている。しかしそれは、いわば１００年の歴史を持つ新聞作りの慣習から見た感覚の問題で、沖縄紙が新しい手法にチャレンジしているともいえるのである。

第3は、沖縄県民の思いをどう理解するかである。いわば〈認識〉の問題ともいえるだろう。以前に比べ、本土の新聞も沖縄問題を扱う量は格段に増えている。1面の記事量だけで比較すると、教科書検定問題以降、沖縄紙と東京紙の差はそれほど大きくはない。ただしそれは、中央（東京）の政治問題として捉えた結果の扱いの大きさであることに気付かされる。

今回の自民党勉強会に端を発する「騒動」に関しても、安保法制に影響を与える政治問題として大きな扱いになったと言え、多くの新聞での立ち上がりは遅かった。むしろ新聞が問題視したというより、政治問題化したことで扱いが大きくなった側面を否定しきれない。

それがより顕著なのは百田発言で、沖縄タイムスで翌26日に1面トップで扱い、その後も1週間以上紙面のトップを飾ったのに対し、多くの本土紙はそれほど大きな扱いにはせず、少なくとも紙面上において県民の怒りはほとんど共有されていないといえるだろう。

（7月20日6面）

「報道圧力」発言 時代を読む

7月5日～8月2日付　1面で掲載　全13回

保阪 正康氏　ノンフィクション作家

感情的歴史観 知の劣化　「つぶせ」戦時以下

■7月5日付

沖縄の地元2紙について百田氏が「つぶしたほうがいい」と発言したのを聞いて驚いた。論外だ。戦時中、軍部や特高警察が報道機関を弾圧したが、「つぶせ」なんて言葉は見たことがない。

発行禁止はあったけれど、「つぶせ」というのは暴力。平気で言うのは、昔の軍人や特高警察よりもたちが悪い。

国会議員は法律をつくれるので、法的な枠組みに発展する危険性がある。そこは注視しな

ほさか・まさやす　1939年、札幌市生まれ。同志社大学卒業後、出版社勤務などを経て作家活動に入る。「昭和史を語り継ぐ会」主宰。2004年に一連の昭和史研究で、菊池寛賞を受賞した。

いといけない。

戦後70年にわたり、ジャーナリズムとアカデミズムは資料を集め、論争しながら史実を確定してきた。しかし、歴史修正主義者は自虐史観だと批判する。日本は常識、道義に反することをしたのは事実で、謙虚にルールを守ってきた。

しかし、安倍晋三首相になってから急速に崩れている。それどころか「侵略に定義はない」「日本国憲法は占領憲法だ」と思い込みで言っている。日本社会の知的劣化が起きている。社会が安直な方向に流れている。深く考えるのは面倒くさく、簡単なほうがいいと。だが、行き着く先はヘイトスピーチ。歴史を感情だけで語るのは社会的病理とも言え、ファシズムの特徴でもある。歴史は感情の産物ではない。

沖縄戦について、東京と大阪の爆撃を引き合いに出したが、沖縄の民間人がどれだけひどい目に遭ったか、これっぽっちも考えていない。「それはおかしい」と言う人がいなくなることが怖い。

彼らの考え方の根幹には二元論しかない。敵か味方か。勝つか負けるか。だが、社会、政治、歴史は二元論だけでは語れない。多様性を認めようともしない。わかりやすいが、部分的に良いとか悪いとか、そういう議論があってしかるべきだ。

（聞き手＝社会部・松崎敏朗）

津田 大介氏　ジャーナリスト

百田発言 同調こそ問題　2紙「世論網羅を」

■7月6日付

いくら極端な主張であっても百田尚樹氏には言論の自由がある。だが、それは自分にも返ってくる話ということを忘れてはならない。百田氏は「沖縄2紙をつぶせ」と言ったようだが、もし、時の政権から「百田尚樹の本は反社会的だから発禁にしろ」と圧力をかけられたらどう思うか。テレビというメディア出身の作家であるにもかかわらず、そのような想像力が働かなかったことに驚いた。

言論の自由を担保する存在としてメディアの役割は非常に大きい。あらゆる人に発言の機会を提供し、それを広く世に問うための装置がメディアだ。表現者ならば、メディアに対する規制の動きには常に敏感であるべきだろう。

しかし、今回の問題の本質は百田氏の暴言ではなく、政権に近い勉強会に百田氏が招かれ、その中であった発言について参加した議員が同調したことにある。若手の勉強会ということ

つだ・だいすけ　1973年生まれ。東京都出身。ジャーナリスト。「ポリタス」編集長。一般社団法人インターネットユーザー協会（ＭＩＡＵ）代表理事。

だが、実際には安倍晋三首相の側近である加藤勝信官房副長官、萩生田光一党総裁特別補佐も出席していた。

政権の中枢に近い議員たちが百田氏の極端な意見に対して「傾聴に値する」と同調したのだ。そこから政権側がメディアに対して何らかの圧力をかけたい欲求がつぶさに見て取れる。

政権側にとっては、昨年の県知事選で敗れた仲井真弘多前知事を支持した人が４割程度いたこと、辺野古の新基地建設に賛成する県内世論が２割弱ある（沖縄タイムス４月７日付世論調査）ことが両紙でほとんど取り上げられないことへの不満があるのだろう。

政権側はここを「付け入る隙」と見ているはずだ。だからこそ、沖縄２紙も売り言葉に買い言葉のような対応をしてはいけない。政権が圧力を強めてきても先鋭的な紙面や論説だけで「対抗」するのではなく、権力からの「独立」を目指すべきだ。日本政府だけでなく、翁長雄志知事の「オール沖縄」県政にも一定の距離感を保ち、是々非々で報道する必要がある。

マスメディアの役割は、多様な意見や事実を網羅的に伝えることと、それにどう意味づけを行うかという二つである。沖縄の立場からクールに主張すべきことは主張した上で、異なる意見を討論する場も提供する。今回の件を契機に、沖縄２紙は幅広く複雑な県内世論を吸い上げる役割を果たしてもらいたい。それが政権からの圧力に対する何よりの対抗策になるはずだ。

（聞き手＝社会部・吉川毅）

大谷 昭宏氏　ジャーナリスト

新聞への弾圧 戦前以上　許せぬ つぶせ発言

■7月7日付

私が沖縄取材を終えた2日後、慰霊の日の翌日というタイミングに、自民党本部という場所で、報道に圧力をかける愚かな会合が開かれた。怒りを通り越し、悲しい。

百田尚樹氏は事実に基づかない勝手なことを述べたが、彼はジャーナリストでもノンフィクション作家でもない。作家、放送作家であり、事実に即したことを言うとは限らない。「その場が面白ければいい」というバラエティーの放送作家にありがちな発想があるのではないか。

問題は「沖縄2紙はつぶさないといけない」という百田氏の発言を奇貨として、はやし立て、調子に乗った人間だ。政権政党の、安倍晋三首相の取り巻きとされる国会議員の感覚に、許し難いものを感じる。沖縄では新聞のシェアの9割以上を沖縄タイムス、琉球新報の2紙が占めている。朝日、毎日、読売、産経の各紙は遅れて空輸されてくるし、日経は発行されているが経済紙だ。一般紙は2紙しかないと言える。

「沖縄2紙をつぶせ」という発言は、沖縄から新聞をなくせ、沖縄県民には新聞を読ませ

おおたに・あきひろ　ジャーナリスト。1945年東京都出身。早稲田大政経学部卒業後、読売新聞大阪本社入社。現在は評論家、コメンテーターとして活躍。

るな、と言っているに等しい。つまり「県民は新聞を読むから、辺野古の新基地建設や安保法制に反対するのだ」という発想だ。

戦前の軍部は地方紙を統合させ、1県1紙の体制をつくりあげた。しかし、その軍部でさえ、統合はしたが「廃刊させろ」「つぶせ」とは言わなかった。

今回の発言をした国会議員たちは、自分たちが戦前の軍部以上におそろしいことを言っていることに、気づいているのだろうか。

百田氏は「普天間基地は田んぼの中にあった」「商売のために住みだした」という趣旨も述べた。

ご先祖様の土地を基地のフェンスに囲われ、そこに「商売にいそしむために行きたい」と思う人間がいるわけないだろう。逆に「少しでもご先祖様の近くに住みたい」という住民の気持ちがなぜ分からないのか。

6日に那覇市で安保法制の公聴会が開かれた。出席した政府関係者は、傍聴した県民の皆さんに「たいへんな侮辱をして申し訳ありませんでした」と真っ先に謝るべきだった。

今の政権からは、安保法制を強行採決するためには、言論も県民の声も国民の不安も、すべてはじき飛ばす発想が見え隠れする。

（聞き手＝政経部・吉田央）

門奈 直樹氏 立教大名誉教授

異論排除 政権にまん延 言論の自由の危機

■7月8日付

ここ数年来、安倍政権に異議を申し立てる動きに「異端分子」のレッテルを貼り、排除しようとする空気が漂っている。自民議員らによる圧力発言問題は、こうした思想のまん延が表面化したものだ。さらに今回は「異端」から踏み込み、沖縄タイムスと琉球新報に「偏向」のレッテルを貼った。民主主義の危機だ。

沖縄では戦後、約10紙の新聞が生まれた。そのなかで今日まで生き残ったのが沖縄タイムスと琉球新報（前うるま新報）の2紙だ。なぜか。権力に迎合せず、民衆に寄り添う姿勢を忘れなかったからだ。2紙を偏向と言うのは、沖縄県民全体を偏向と言うに等しい。2紙をつぶすのは、県民の声をつぶすのと同じだ。

研究者の間でも議論が分かれるところだが、私は主要メディアが戦争で権力の犠牲になった「被害者」だとは思わない。民衆に対しては加害者でさえあった。

今ある在京の主要メディアは戦前、聞こえの良い言葉で戦意をあおり、広告収入を得て部

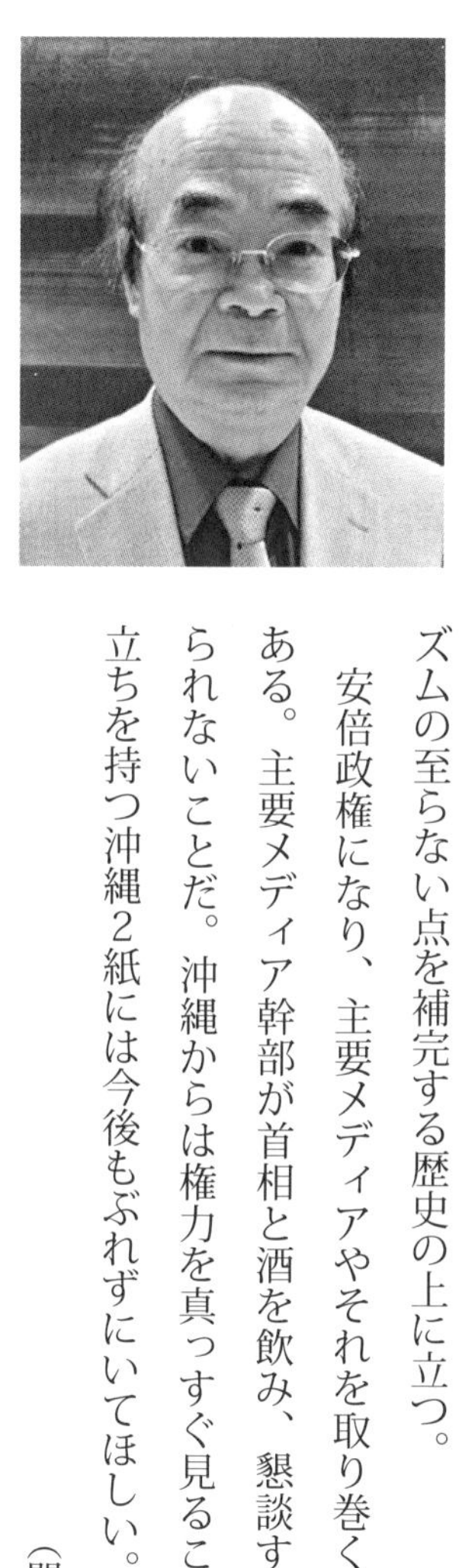

もんな・なおき　立教大学名誉教授（マス・メディア論）。立教大学教授、北京外国語大学大学院日本学研究センター教授などを歴任。『アメリカ占領時代・沖縄言論統制史』など著書多数。

数を拡大し、産業的に発展した。ファシズムに疑問を持つ記者も「非国民」のレッテルを貼られるのを恐れ、黙り込んだ。

時の政権に批判的な言論を抑え込む「自己管理型ジャーナリズム」の傾向だ。加えて戦後も主要メディアが存続できたのは、米軍の占領政策の保護下にあったからだ。言論の自由は獲得せずとも、ＧＨＱから与えられるものだった。つまり、戦前から戦後を通して権力に迎合することで企業経営を成り立たせる体質が断ち切れていない。

一方で沖縄２紙は戦前とのつながりがなく生まれ、四半世紀に及ぶ米軍占領下で言論が抑圧された。沖縄タイムスは、米軍に「反米的だ」とみなされ、当時の琉球銀行に融資を停止されながらも発刊を続けた。沖縄２紙にとって、言論の自由は自ら勝ち取らなければならなかった。県民世論を無視すれば、経営的に生き残れない環境下にいたことも一因にある。

こういった沖縄２紙の歴史の一切を無視したのが一連の発言だ。２紙は日本のジャーナリズムの至らない点を補完する歴史の上に立つ。

安倍政権になり、主要メディアやそれを取り巻く環境が戦前に回帰しつつある。主要メディア幹部が首相と酒を飲み、懇談するのは欧米であれば考えられないことだ。沖縄からは権力を真っすぐ見ることができる。独特の成り立ちを持つ沖縄２紙には今後もぶれずにいてほしい。

（聞き手＝社会部・篠原知恵）

小林よしのり氏 漫画家

沖縄が受ける差別 屈辱 保守失格の議員ら

■7月9日付

百田尚樹氏は民間人なので、言論の自由を行使する権利を持っている。国会議員は、言論の自由を守る義務がある。今回の問題は、権利と義務の差がある。

百田氏は権利を持ってはいるが、「沖縄2紙をつぶす」との発言は権力の中で言ったから問題だ。権力者たちを扇動する言葉。百田氏の発言は、居酒屋での発言ではない。自民党本部であった勉強会は、公の席だ。安倍晋三首相に近い国会議員たちも、自分たちに言論の自由を守る義務があることも知らない。

そもそも、安倍首相のフェイスブックを見ても、ネトウヨ（ネット右翼）が「いいね！」「いいね！」と押している。そこに、首相もネトウヨ化している実態がある。

第2次安倍政権の発足から、メディアコントロールが始まった。最初にやったのは、メディアの上層部を集めて夕食会に招き、抱き込む。安倍首相と一緒に飯を食って、「安倍政権の批判は、あまりやらないでくれ」と報道を控えさせる。そういうことが影響し、報道の現場も萎縮している。

こばやし・よしのり　漫画家。1953年生まれ。福岡県出身。「東大一直線」「おぼっちゃまくん」「沖縄論」などのヒット作を持つ。「よしりん企画」社長。

安倍政権は、安保法制案の説明も自分の気持ちの良いホームでやろうとする。国民に対する説明が足りないと世論調査で出ている中、もっと議論をすればいいのにできない。議論を避ける、議論を封じるということになっている。

わしのところに、取材に来る記者たちと話をすると、安倍政権が続く中で、政権の情報を取らないといけないという理由で、手厳しい安倍批判を控えようとしている実態が分かる。メディアは議員たちになめられているのだ。メディアは、権力のチェック、反権力が当たり前。使命だ。権力に迎合するのはおかしい。

さらに百田氏の発言内容をみると、米軍普天間飛行場の成り立ち、米兵の事件についての認識が、むちゃくちゃ。ネトウヨの間でさかんに言われている内容だった。

普天間飛行場のある場所は、そもそも米国の土地であったはずがない。沖縄県民の土地だ。田んぼであったとしても、県民の田んぼだ。米兵事件を語るにしても日米地位協定のことをそもそも知っていない。

保守は、歴史を知らないといけない。沖縄のことを話すなら、沖縄の歴史を勉強しないといけない。

日本国民が不平等条約の中で差別を受けていることに、腹が立たないのか。屈辱だと思わないのか。米国に飼いならされているのがネトウヨや自民党の議員であり、彼らは保守ではない。

（聞き手＝社会部・吉川毅）

高村 薫氏 作家

「公人」意識欠く首相ら 海兵隊不要論問え

■7月13日付

一連の発言問題では、百田尚樹氏を講師に招くこと自体が、常識的な一般人からすると論外だし、招いた人たちがなぜ国会議員であるのか、そこまで落として考えなければならない。

勉強会の議員だけでなく、安倍晋三首相を筆頭に、一番欠けているのは公人意識だ。公人の発言は記録され半永久的に残る。自覚があればバカな発言、いいかげんな答弁はできない。安保法制の議論でも、首相と大臣の答弁が食い違うが、本来あり得ないことだ。有権者はこの事態にもっと青ざめないといけない。公人意識の欠如からばかな発言が出てくるし、学者が憲法違反と指摘する安保法制も通そうとする。なるべき人が政治家になっていないし、資格のない人が議員になっている。

なぜそうか、選挙制度の問題がある。選挙で自民党は約20％の支持しかないが、3分の2の議席をおさえてしまう。一連の発言は論説に値しないが、何がおかしいからそうなるのか、根本を見誤ってはいけない。

そもそも民意を正確に反映できる選挙制度であれば、憲法違反の閣議決定などできる訳が

たかむら・かおる　作家。1953年生まれ。大阪府出身。外資系商社に勤務後、90年に「黄金を抱いて翔べ」でデビュー。93年「マークスの山」で直木賞受賞。近著に「四人組がいた。」

ない。国民は、よって立つ憲法に反する法案を通そうとする政権を支持してはいけない。それは思想信条、党派を超えた最低限の原則である。安全保障に本当に危機感を覚え、集団的自衛権が必要というなら、まず憲法を変えることが先だ。原理原則を通すべきである。

理屈が通らない発言や答弁の根底には、自分たちが善で、分からないやつらが悪いとの発想がある。そういう人たちは、沖縄の基地問題が何なのか、沖縄の人たちがなぜ反対しているのかさえも分からないだろう。米国なしに日本は守れない、海兵隊を置きたいという米国に反対できない。それくらいの認識でしかないのだ。

米国の元高官が沖縄に海兵隊を置く戦略的な理由について納得いく説明を聞いたことがないと語っていた。普天間飛行場や海兵隊はよそへという議論が必要だが、日本は海兵隊の戦略的な意味や抑止力について説明できず、思考停止に陥っている。米国は、従って金を出す日本に便乗し、だんまりを決め込む。結局、日本人はばかにされ、沖縄が最も割を食う。沖縄の2紙は、海兵隊はいらないと論点をより絞って議論を展開したほうがいいのではないか。

メディア自体もだいぶ変質した中、国民は、何かおかしいとの肌感覚を信じ、今後への想像力を働かせ、戦後70年の平和の意味をかみしめることが大事だ。最も強いのは有権者。でたらめを言う政権にノーと言い続けるしかない。

（聞き手＝東京支社報道部・宮城栄作）

■7月14日付

高橋 哲哉氏　東京大大学院教授

歴史直視しない政治家　不都合な事実封印

「沖縄の2紙はつぶさないといけない」「普天間飛行場はもともと田んぼの中にあった」という百田尚樹氏の発言は沖縄の歴史を踏まえておらず報道や言論の自由を否定するものだ。だが、より問題なのは安倍晋三首相を支える目的で与党の国会議員がそうした講師を招き、自分たちの意のままにならない沖縄の新聞や民意を権力的に抑え込もうとする欲望をあらわにしたことだ。

いま、政治家の歴史に対する姿勢が問われている。日本が民主主義や平和を尊重するなら、人権を侵害した歴史を直視し、批判的な認識を持つことが重要だ。勉強会に参加した国会議員は、発言が民主主義を危うくするものであることを認識しないといけない。

資料や証言を中心に研究されてきた歴史が、時代の変化とともに見直されてくることは当然ある。既存の歴史を修正する動き自体は学問的にも正当なものだ。

ただ、昨今の歴史修正主義の動きを見ると、歴史的事実に基づかず、根拠が薄い議論がまん延している。冷静な議論ができなくなっており、反知性主義的な動きがあると言ってもい

たかはし・てつや　1956年、福島県生まれ。哲学者。東大大学院総合文化研究科教授。著書に「犠牲のシステム　福島・沖縄」「靖国問題」「沖縄の米軍基地『県外移設』を考える」など。

い。歴史を学べば、普天間飛行場は集落をつぶしてできたことが容易に分かるはずだ。

背景には、日本が帝国主義を掲げてアジア諸国を侵略した過去の歴史と正面から向き合ってこなかったことがあると思う。日本から南京大虐殺や従軍慰安婦の存在を否定する議論がなくならないのは、日本人が過去の歴史を清算しきれていないからだ。

日本は敗戦後、日本を利用したいアメリカの庇護（ひご）の下で経済成長にいそしみ、戦争責任や戦時賠償といった問題から逃れたいという甘えが国際的に許されてきた。

沖縄は戦後、日本から切り離され、米国支配下に置かれた。基地撤廃を求めて復帰を望んだが、復帰後も多くの米軍基地が残っている。日本人は沖縄が歩んだ歴史と向き合う必要がある。

今回の発言を見ると、沖縄を切り捨て、米軍基地を押し付けた歴史と向き合いたくないという傾向が以前よりも強くなってきているようにも思える。

政府も「本土」の多数派も日米安保体制を維持しようとしているが、そうであるならなおさら、辺野古新基地の建設を中止し、沖縄の基地の県外移設を真剣に考えるべきだ。

沖縄への基地押し付けが長年続き、辺野古新基地建設に反対する翁長雄志知事が誕生した今、このまま基地を押し付けることは決して許されない。

（聞き手＝社会部・国吉聡志）

荻上チキ氏　評論家・編集者

「県民洗脳」危険な見方　政権側の責任転嫁

■7月15日付

自民党議員の発言の発端は、党本部で行われた懇話会でのもの。懇話会はメディアに「頭撮り」、冒頭部分を撮影させた上で行われている。「安倍応援団」としての結束をアピールするため、メディアを利用しようとした。しかしその後も、懇話会でのやりとりはマイクを使って続けられた。議員たちは、部屋の外で記者たちが「壁耳」しながら待機していることを知っていたはずなのに。

発言内容が問題だと思えば、音漏れに気遣うなり、誰かが注意するはずだ。外で聞き耳を立てる記者らへの誇示もあったのかもしれない。それともただの天然か。いずれにしても軽率としか言いようがない。

単なる失言と異なるのは、これが身内の中での複数人による連続的発言であることだ。つまりは極めて「内輪の本音」に近いと言えてしまう。日常的に、メディアを軽視する意見や

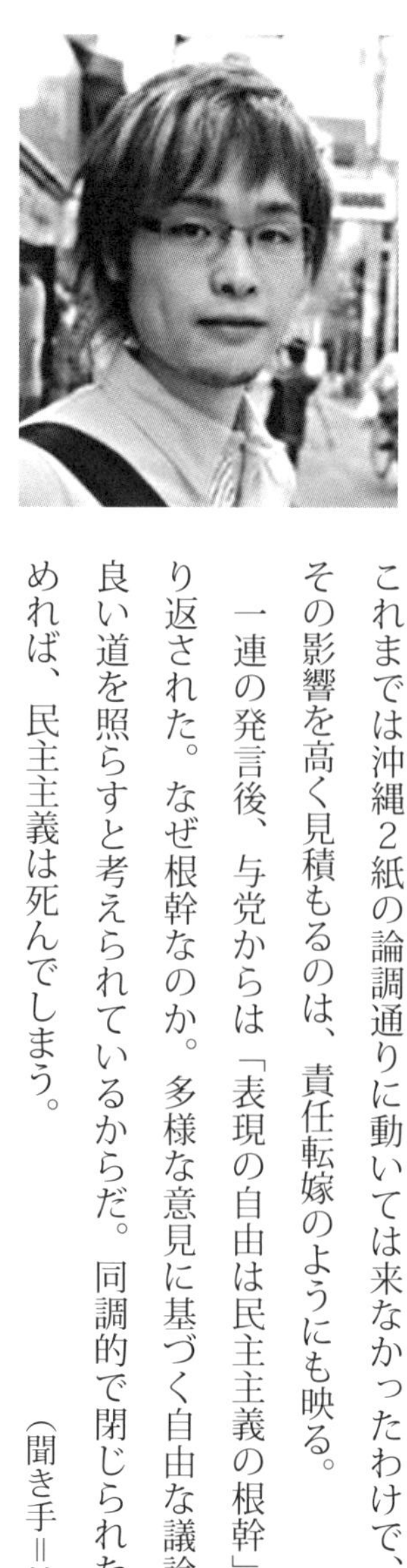

おぎうえ・ちき　1981年生まれ。兵庫県出身。評論家､編集者。電子マガジン「シノドス」編集長。著者に「ウェブ炎上」「ネットいじめ」「社会的な身体」「彼女たちの売春」などがある。

「ジョーク」を口にし合っているのではないかと疑われてしまう。

意見が異なる新聞、あるいは不都合な情報を報じる新聞に対して、政権側が疎ましく思うのは当然のこと。沖縄2紙はむしろ、政権にとって「気持ちいい新聞」ではない、との評価を誇っていいかもしれない。

ただ看過できないのは、「県民が目覚めていないのは、沖縄メディアが誤った報道をしているからだ」と言わんばかりの発言だ。つまり、自分たち与党が批判されているのは、県民がメディアに洗脳されているからだ、ということになる。これは危険な発想だ。

安保法制でも歴史認識でも、政権側から発信されるメッセージには、「人々は、正しい知識が欠如しているから反対しているにすぎない。自分たちの正論を適切に広報すれば納得するはずだ」という認識を感じる。しかし物事はそう単純ではない。情報発信のスタンスとして稚拙に過ぎるし、世論を誘導できると言わんばかりの態度は傲慢(ごうまん)だ。そもそも基地問題は、これまでは沖縄2紙の論調通りに動いては来なかったわけで、今回に限ってその影響を高く見積もるのは、責任転嫁のようにも映る。

一連の発言後、与党からは「表現の自由は民主主義の根幹」との発言が繰り返された。なぜ根幹なのか。多様な意見に基づく自由な議論こそが、より良い道を照らすと考えられているからだ。同調的で閉じられた空間ばかり求めれば、民主主義は死んでしまう。

（聞き手＝社会部・吉川毅）

鎌田 慧氏　ルポライター

■7月18日付

無関心と差別性を反映　メディアの責任大

百田尚樹氏の発言は無知からきたものだ。だが、言論弾圧だけではなく、沖縄を見下す意識を強く反映している点が問題だ。考え方が偏った人間の言葉に見えるが、本土の無関心、差別性が濃縮して現れた。

一昨年、多額の沖縄振興予算を政府が確保したことを受け、仲井真弘多前知事が「いい正月になる」と発言した。経済的なメリットを重視するということだった。これに対し、翁長雄志知事の誕生は、基地経済よりも「琉球の誇りある」アイデンティティーを県民が選んだ結果と言える。

地主が基地の土地代で暮らしているなど、百田氏には、これまで基地問題をお金で解決してきたという意識がある。

だが、辺野古の新基地建設に反対する翁長知事が当選した。ばかにしていた沖縄が、かみついてきたことへの反発や驚きもあるのだろう。問題となった発言の後、「冗談だった」などと説明したが、冗談という言葉は軽い。「沖縄なんて」と下に見ている意識の表れだ。

沖縄2紙は、県民の怒りやプライドを表現している。金の問題ではない。それが百田氏ら

かまた・さとし　1938年青森県出身。早稲田大文学部卒。反原発の活動などを続けている。著書に「自動車絶望工場」「沖縄　抵抗と希望の島」「六ケ所村の記録」などがある。

には理解できない。琉球処分や沖縄戦など、長い歴史に向き合えば、沖縄の人がいかに怒っているかよく分かるはずだ。

強権的な安倍政権に、全国紙などのマスコミが抵抗してこなかったことも悪い影響を及ぼしてきた。

自民党は4月、番組の内容をめぐって、テレビ朝日とＮＨＫを呼びつけた。権力に対してマスコミが弱くなる一方で、県民の気持ちをストレートに表現する沖縄の2紙が目障りになっている。

本土のマスコミが沖縄を学ぼうとしなかったことにも問題がある。戦後70年という節目でもあり、ことしの沖縄全戦没者追悼式には、例年よりは多くマスコミが足を運び、いつもよりは記事は多かった。今までも、それぐらいの強い意識があれば、本土にいる人の認識は違っていたのではないだろうか。

それでも、全国メディアで沖縄の今を伝える情報は少ない。記事が出てこないということは、読者の無知につながる。沖縄の現状と意識を伝えてこなかったメディアの責任は大きい。

沖縄が好きな人は多い。しかし、観光では足を運ぶが、基地問題に関心を持っているわけではない。その無関心を許してきた僕たち物書きにも責任がある。

（聞き手＝社会部・松崎敏朗）

安田浩一氏　ジャーナリスト

反日レッテル　沖縄攻撃　百田氏発言も同根

■7月23日付

沖縄のメディアが偏向しているという言い方は昔からある。しかし、政府の情報をそのまま受け入れて肯定するメディアこそ偏向で、本来の役割を果たさない。政府を監視し、ものを言う姿勢は新聞として当たり前。沖縄の2紙は、それを実践しているからこそ評価されるべきだ。批判されるのが筋違い。

地方紙や地域紙は県民目線が求められる。唯一の地上戦が行われた歴史を考えると、戦争を二度と繰り返さないという考えに中傷されるいわれはない。

百田尚樹氏の発言を聞いた時、2013年冬の光景を思い出した。沖縄の首長が集まって建白書を政府に届ける際、東京でオスプレイ配備反対のデモをした。その時に在日特権を許さない市民の会のメンバーなどが罵声を浴びせかけた。

「翁長雄志知事も、あのときの風景を目にしたことで（基地移設反対の）腹が決まった」と指摘する関係者は少なくない。日本の一部にあのような空気が流れている。偏狭なナショ

やすだ・こういち　1964年生まれ。静岡県出身。ジャーナリスト。「ルポ　差別と貧困の外国人労働者」などの著作があり、「ネットと愛国」では講談社ノンフィクション賞を受賞。

ナリズムで、他者を攻撃する回路が確実にできあがっている気がする。

差別主義者は沖縄イコール反日という言葉にすぐに収斂（しゅうれん）させる。反日という物言いは一種の記号、深い洞察、知識もなければ理解もない。ただ、皮膚感覚だけで使っている。敵をつくることで自我を保っている。百田氏が同じかということは別にしても、同じ体温、空気を持っていることは間違いない。

腹立たしいのは、沖縄の２紙だけでなく、安倍政権が過剰にメディアに干渉していること。ここ数年、ヘイトスピーチを取材している。国会に規制する法案が提出されているが、政府は表現の自由を言い訳に法規制には及び腰だ。

昨年７月、ジュネーブで行われた国連の人種差別撤廃委員会で、日本政府の代表団は「わが国には表現の自由がある」と法的整備をしない言い訳をした。だが、ヘイトスピーチの規制と表現の自由は別問題。今の法案は「差別はいけない」という理念を共有するもの。社会が共有するべきだが、政府は消極的だ。

百田氏の考えは、自民党が引き出したもの。少なくない党員が共有している。ヘイトスピーチの規制に後ろ向きな一方、報道と表現の自由には介入し、沖縄２紙への偏見をあらわにするのは矛盾している。政権にとって都合が悪く、意に沿わない表現は規制したいという本音が透けて見える。

（聞き手＝社会部・松崎敏朗）

斎藤 美奈子氏　文芸評論家

■7月24日付

権力監視 機能する県紙　誤った言説に声を

二つの新聞が威力を持ち、脅威に感じるからこそ「つぶせ」という言葉が出てきた。2紙の存在を、中央の政権や言論人はもう無視できない。権力に対する監視機関として機能している証拠だ。誇っても良いと思う。

発言は言語道断。自民党の勉強会では、冒頭で「反日」のような言葉が出ていた。報道陣に公開されている時から笑い声が起きている。わたしたちが見ると驚いてしまうが、彼らにとっては普通。

本当に懲らしめると考えているからこそ、自民党はNHKとテレビ朝日に事情聴取をした。官邸が圧力をかけるのが難しいから、有形無形でいろいろやっている。個人的であれ何であれ、重要な意味を持つと思っていない可能性はある。

一連の騒動は、歴史修正主義の一つの現象。1990年代に入って「自虐史観」を主張する人たちが出てきた。著作などがあまりにも強烈だったため、すごい勢いで浸透した。それに影響された人たちが、いまは政権の中枢を担う立場にいる。当初、ばかばかしいと思われ、

さいとう・みなこ　1956年生まれ。文芸評論家。新潟市出身。児童書などの編集者を経て、「妊娠小説」でデビュー。2002年に「文章読本さん江」で第1回小林秀雄賞を受賞。

こんなに読者がついて、政治がここまで変わるとは思っていなかった。しかし、20年という時間を経る中で力を持ってしまった。

戦後の日本は冷戦構造に組み込まれ、戦争責任を考えないできた。冷戦が終わった90年代に歴史を問い直す流れがあった。しかし、日韓・日中の問題と向かい合う前に、歴史修正主義が先に大きくなった。自虐史観は物事を単純化して、複雑なことは切り落とす。だからこそ受け入れやすい。その強さがある。

インターネットの影響も大きい。検索機能や本の通販は価値の固定化につながり、非常に狭い世界で完結してしまう。知の大海にこぎ出さなくても、港の回りを海と勘違いしてしまう。かつては大型書店に足を運び、膨大な知を前に自分の考えは大したことはないと気づき、外から知恵を取り入れた。

インターネットは文化の幅を逆に狭めた面がある。本を読むのではなく、短い文章や掲示板への書き込みを見て信用してしまう。その結果、一つの言説が先鋭化し、濃度も凝縮される。

ヘイトスピーチにも言える。今までの価値観を壊すのが格好良いと思い、変革者のつもりでやっているのかもしれない。放っておけば淘汰(とうた)されると社会が思っていたが、言説の流布は止まらない。一個一個を「違う」と指摘しなければいけない。

（聞き手＝社会部・松崎敏朗）

■8月1日付

中島 岳志氏 北大准教授

反左翼の言動 不満が源 保守主義とは異質

うそでセンセーショナルな発言や、法秩序を破壊するような言動が国会や社会でまん延していることに強い危機感を覚える。国会議員は、表現の自由を規制する言動は慎まないといけない。勉強会での発言は憲法を無視しており、憲法尊重義務が課される「公人」の資質に欠ける。なぜこのような人たちが国会議員なのか、有権者は深く考えないといけない。

出席議員の一人は「沖縄の特殊なメディア構造をつくってしまったのは戦後保守の堕落だ」と言っている。だが、保守主義は人間の知的・倫理的能力の限界をわきまえ、歴史に裏打ちされた経験知に学び、世の中の漸進的な改革を模索する思想だ。史実に基づかないヘイトスピーチ的なことを言う彼らは、保守ではない。

また、ナショナリストであれば、日本の一部である沖縄が基地を押しつけられている現状に、もっと耳を傾けるはずだ。彼らの言動に思想的な裏づけはない。

彼らは単にアンチ左翼の立場をとっているにすぎない。メディアや教育行政が左翼勢力に乗っ取られていると言うのは、自分たちの声を取り上げてもらえないと思っているからだ。

なかじま・たけし　1975年、大阪府生まれ。政治学者。北海道大准教授。2005年の「中村屋のボース」で大佛次郎論壇賞、アジア・太平洋賞受賞。著書に「保守のヒント」「『リベラル保守』宣言」「アジア主義　その先の近代へ」など。

不満が鬱積（うっせき）しており、極端なことを言えば支持されると思っている。事実でない「ネトウヨ」（ネット右翼）的な言論を吹聴する雑誌や論壇も増えてしまっている。

特定秘密保護法や安全保障関連法案の審議で安倍政権は、世論の反対を押し切り、大きな改革を上から断行しようとしている。この姿勢は保守が20世紀をかけて批判し続けてきた、共産主義や全体主義の在り方そのものだ。中国共産党政権のような政治体制に突き進んでいることを認識していない。

事実でない言論に対し、紋切り型に対抗しても火に油を注ぐだけで事態は収まらないだろう。彼らにとって、反左翼的な立場は「居場所」につながる。メディアは社会的背景に迫らないといけない。

「ネトウヨ」を調べてみると、中心層は高学歴で年収も高い40代から50代。だが、未婚者が多く、境遇に不満を抱える人が多い。「能力が高い自分をもっと認めてほしい」という欲求が高い。

所得格差が広がり、国内総生産（GDP）では中国に抜かれ、年功序列制度も崩壊しつつある。家族や地域社会という既存の共同体が崩れ、流動化しているため、新たな居場所をネトウヨ的言論空間に求めているのだろう。社会の中で、ネトウヨたちの不満を吸収し、生活できる新たな場所をつくって、沈静化を図らないといけない。

（聞き手＝社会部・国吉聡志）

むの たけじ氏　ジャーナリスト

国民は臣民 政権に浸透　思い上がり 言葉に

■8月2日付

1889年に発布された大日本帝国憲法では、国民のことが「臣民」と表記されていた。国民は国家権力に従う家来で、言われた通りに努め、政治を動かすのに発言権もなかった。沖縄県の世論を代表し、伝統もある二つの新聞を「つぶせばいい」というのは、現代のデモクラシー感覚と外れている。仲間内とはいえ、たやすく言うのは権力の思い上がりだ。国民は臣民であり、時の政権を握る自民党の家来であるべきだと考えている。だからこそ、そういう言葉が出てくる。大事な問題だが、今になって起きた現象だと思うのは間違いだ。沖縄タイムスと琉球新報の土台には県民の要求がある。社会で起きたことを全て知らせ、国民も思っていることをどんどん言えるのが社会の原則。それをつぶしてしまうのはお粗末すぎる。

地元2紙への圧力に加え、実態を知らないのに普天間飛行場の成り立ちを「もともと田んぼの中にあり、周りは何もなかった」と発言する背景には、沖縄を一段低く見る態度があると思う。かつて日本本土の属領となり、政治家や国民が、そのような視点を持っていたこと

むの・たけじ　1915年秋田県生まれ。ジャーナリスト。朝日新聞の記者をしていたが、終戦直前の1945年8月14日に退職した。故郷の秋田県横手市で、週刊新聞の「たいまつ」を創刊。「希望は絶望のどまん中に」「日本で100年、生きてきて」などの著作がある。

は否定できない。

わたしの故郷の東北も同じ運命をたどってきた。政治権力が奈良・京都に置かれていた1500年前から、国内植民地にされた。米軍基地の大部分を背負う苦しみを耐え続けてきた現状が沖縄にはある。世界の流れに逆行し、悪い方向に引き戻す動きに見える。沖縄への侮辱と合わせて許されるものではない。

自民党は、新聞が国家に協力する補助機関だと思っている。あまりにも分かっていない。憲法で決めているデモクラシーや人権という言葉が血液となって流れていない。

今、集団的自衛権の行使をめぐって安全保障法案が審議されている。憲法9条は、連合国軍が軍国主義の日本に下した死刑判決。現代国家として認めないと判断した。

連合国が9条を立派だと思ったら、ほかの国が取り入れていたはず。だが、日本人は別の捉え方をして「戦争をしなければ生き残れる」と受け入れた。双方にずれがあったが、曲がりなりにも日本人は70年守ってきた。それまで、10年ごとに戦争を繰り返していた国が他国民を戦死させることはなかった。

その歴史体験のもとで戦争をできる国にしようとしているが、かみついてくる沖縄の2紙へ「身の程知らずだ。つぶせ」という侮辱を言葉にした。安倍政権は、それほどまでに軍国体制へ戻したいのだろう。

（聞き手＝社会部・松崎敏朗）

軍部は新聞を恐れていた　読者と築く 不戦の礎

太平洋戦争当時、朝日新聞の社会部記者として取材に携わり、戦争責任を感じ、終戦を機に退職したジャーナリスト・むのたけじさんは、ことしで100歳を迎えた。集団的自衛権の行使を巡り、戦後70年目に国の在り方が大きく変わろうとしている。新聞の在り方はどうあるべきなのか、むのさんの経験を振り返りながら考える。

ジャーナリズムは、大きな過ちを犯してきた。誰よりも何よりも「これで良いのか」と国民に真正面から語りかけて、問題を糾弾する社説がなかった。国家の主権者であるべき国民がなっていない、と新聞が言わないといけなかった。買って読んでくれる「お客さま」に遠慮していた。

長い目で見たら国民は喜んでくれたはずだ。太平洋戦争前、「戦争の危険があります」と言えなかった。情けない。戦争は1度始まったら、止める勢力は出てこない。反逆罪でつぶされる。服従するしかない。

朝日新聞の主筆などを務めた緒方竹虎は、終戦翌年の6月、講演で「軍部を批判する記事を書くと会社がつぶれ、数千人の失業者が出てしまう。だから我慢していた」と語った。また「せめて朝日新聞と毎日新聞が腹を決めて『この戦争は止めるべきだ』という社論を出せば、ここまでこないで済んだ」とも言っていた。

だが、この考え方は古い。軍部が新聞をどう見ていたのか気付いていなかった。

■　■　■

当時、軍部は新聞を恐れていた。2・26事件では国務大臣を殺害した将校たちが、いろいろな場所を襲い、自由主義の朝日新聞も襲撃した。将校たちは刀を見せながら脅したが、何十人もいる記者は傷つけず、活字のケースをひっくり返しただけだった。

どうしてだったのか。社員を傷つければ読者の国民が怒り、戦争に協力しなくなるのを恐れていた。兵役制度を維持しにくくなり、戦争ができなくなるのが心配だった。読者と新聞が組めば軍部も動けなかった。だが、新聞が読者に目を向けず信じ切ることもできなかった。新聞は読者や人民大衆に語りかけるもの。読者を頼りにしない新聞は孤立する。

軍国体制では検閲もあった。憲兵が新聞社に行って指示していたと思う人もいるが、実はそんなことはなく、直接

戦前から終戦までの動き

1925年		治安維持法公布
31年	9月	満州事変勃発
33年	3月	日本が国際連盟脱退
36年	2月	２・26 事件
37年	7月	日中戦争始まる
	11月	日独伊三国防共協定調印
38年	3月	国家総動員法成立。後に新聞は「１県１紙」に統合され始める
40年	9月	日独伊三国軍事同盟条約調印
41年	7月	日本軍が南部仏印進駐を開始
	12月	真珠湾攻撃。太平洋戦争に突入
45年	4月	米軍が沖縄本島に上陸
	7月	ポツダム宣言を発表
	8月6日	広島に原爆投下
	9日	長崎に原爆投下
	15日	終戦
47年	5月	日本国憲法施行

の圧迫はなかった。実態は新聞のセルフコントロールだった。

■　■　■

言ってみれば、問題が起きないように、自分たちの安全を守るため、自己規制をしていた。検閲に備え、記事をチェックする校閲が1カ所じゃなくなり、複数回確認して決して引っ掛からないようにしていた。軍部が新聞を恐れていることを感じ取れなかった。

記者同士のコミュニケーションもなくなった。軍隊に関する情報が漏れると問題になる。記者同士2人だったら何でも話すが、3人になると話さない。どこから情報が漏れたか分からなくなり、仲間内で疑うのが嫌になるから。コミュニケーション産業にありながら、事なかれ主義だった。本気になってもだえて頑張った姿は見たことなかった。最後まで、その調子だった。

朝日新聞がポツダム宣言受諾の情報を得たのは8月12日。社会部にいたが、午後2時ごろ「戦争をやめることになったそうだ」と隣の政治部が、がやがやし出した。時計を見たら午後2時。陸軍省詰めの記者が情報をつかみ、政治部に連絡してきた。このとき、幹部が腹を決めて号外を出せば良かった。そうしたら軍部が何を言っても駄目。だが、どこも号外を出さなかった。ふぬけだ。

日本の大本営は、連合国側に天皇制の維持が可能か聴いたが、これは高級軍人たちが、自分の保身を心配していた。15日に玉音放送があり、戦争が終わった。その時、報道の本来の役割を果たすため、やるべきことがあった。

検閲体制で書けなかった戦争の本当の姿を、その日から報道する。あらゆる戦場を長い年月かかっても書けば、新聞はよみがえった。私もそれに気付かなかった。やった新聞はどこにもない。

■　■　■

要するに、戦争で報道できなかった真相を読者に伝える。誰か言えば「そうだ」となり、読売も毎日も同じことをやった。それは確信できる。誰が戦争を始め、戦場とは何だったのかを問えば良かった。だが、何もできなかった。国民も手をつないで、「わたしたちの味方だ」と思ってくれたはず。残念だ。

会社という体制の中で、個人では軍部に対する忠告を書けず、国民に「本当は戦争に負けているよ」とも伝えられない。連合国軍の下、仕事を続けていく。そのことが情けなかった。このままでは人間としておかしい、と思い、職場に来ないことを決めた。

第3次世界大戦が起きるとしたら、世界のバランスが崩れた時。例えば、米国、中国、ロシアが2対1に分かれた時は危ない。そうならないため、日本は憲法9条を振りかざし「対立は話し合いで決めろ」と自由に物を言って、世界から支持を得なければならない。

沖縄のジャーナリズムが、お互いに情報交換して交流することを提案したい。戦争の危機が迫っているのかといったことや、沖縄の今を世界に発信する通信機能を作ることを検討してほしい。地上戦を経験した沖縄が言うことで、戦争の危険も、より伝わるはず。どういう風に沖縄が世界とつながり、世界がどういう風に沖縄とつながっているのかを発信してほしい。

取材を終えて　歴史刻む記事　自問

古老のジャーナリストは、100歳という年齢を感じさせず、縦横無尽に話を繰り広げた。70年前の体験を昨日のように語り「あなたならどう思う」と問う姿は、哲学者のようだった。年月を経て戦争体験者がいなくなっている。ジャーナリズムの世界も同様だ。太平洋戦争中、軍部の意思を忖度(そんたく)する空気が新聞社に漂っていたという。実際に経験した人から聴けたのは、今の時代に新聞記者をしている自分にとって貴重な体験だった。

さまざまな話の中で「ジャーナリズムは歴史の日記」という言葉が印象に残った。書いている記事は、未来の世代も読むかもしれない。日々取材することは、いつしか歴史になる。その目撃者の一人として、どんな記事を残すのか。集団的自衛権の行使などで国の在り方が変わろうとしている今だからこそ自問したい。

（社会部・松崎敏朗）